酪農かあさんが教える

台所チーズ

スローライフミルク研究会 編

簡単

楽しい

おいしい

農文協

まえがき

日本人なら誰でも一度は見たといわれる児童文学『アルプスの少女ハイジ』のテレビアニメが放映されたのは１９７４（昭和49）年。もう47年前になるというから驚きます。アニメ界の巨匠、高畑勲（２０１８年没）と宮崎駿の初期作品、世界中で放映され人気を博したことなどは最近になって知りました。

私も当時2、３度見た記憶があります。ハイジのおじいさんの山小屋で作るチーズ、搾ったヤギの乳が囲炉裏にかけられた鍋の中でゆっくりとチーズに変わっていきます。その様子にハイジの目が輝きます。美しいスイスアルプスの山々を背景に穏やかに流れる時間はなぜか甘く懐かしく憧れを感じるものでした。

47年前といえば、我が家の長男はまだ4歳。夫とともに酪農を始めてまだ5年目だったことになります。当時、私たち若い酪農家のお嫁さんはどのような農家生活を送っていたのでしょうか？　１９６４（昭和39）年に東京オリンピックが開催され、その後の日本は急速に高度経済成長の波に乗ることになります。私たちの酪農産業も近代化による所得の向上を目指す時代に入りましたが、実際には酪農を巡る環境はまだまだ整わず技術的にも稚拙な時代でした。牛の数は増えても飼料は不足、牛は病気ばかり。朝夕の搾乳に餌作りに、一日の休みもない酪農家の主婦には家事や子育てまで加わる……。なんと過酷な時代を生き抜いてきたのだろうと思います。酪友たちの生き様が愛おしく、改めて尊敬するのです。

それから時は流れ、酪農の環境もずいぶんと向上し、メガファームなど大規模経営体も出現するなど力強く生産が伸びる中、２００６（平成18）年冬、熊本では牛乳の需給バランスが崩れ、生乳が廃棄されるという大変な事態が発生しました。豊かな社会になって牛乳を巡る環境も大きく変わっていたのです。

生乳生産は生き物を飼うことです。水道の蛇口を締めるようなわけにはいきません。その2年前に、県の酪農女性部協議会の役員になった私は、仲間たちと牛乳利用の向上に何ができるか相談し、「飲んでもらえないなら、食べてもらおう」と、「食べる牛乳」の普及に急ぎ取り組むことにしました。まず、お酢を使って牛乳を凝固させる、カッテージチーズの普及活動から、「牛乳を食べよう、家庭で作ろう！　カッテージチーズ」という標語が生まれました。そんな活動を続けているうちに、偶然カッテージチーズからモッツァレラチーズを作る方法を見つけたのです。それは本当に衝撃的でした。

詳しい経緯は本書で述べますが、このチーズが生まれた時は、まるで神様が私たちに与えてくれたのだと思ってしまいました。みんなから「奇跡のチーズ」「不思議のチーズ」とも呼ばれるこのチーズを、私たちは「サンモッツァ」と名付けました。第一に酸性のお酢を使って固めるから「酸」。そして明るい太陽＝ＳＵＮのイメージが強い熊本の女性から始まったから。明るい太陽の下、このチーズを通して、みんなニコニコ、笑顔になるように。そんな思いを込めています。

「国民みんなの台所チーズとして広まるようにしよう。そのことが日本の牛乳利用に新たな未来を作ることになる」。そんな思いから私たちは、酪農の仲間をはじめ食に携わる人たちにも呼びかけ、２０１１（平成23）年に「ＮＰＯ法人（特定非営利活動法人）スローライフミルクネット」を立ち上げ、約10年の活動を経て、２０１９（令和元）年に解散しました。本書はその活動記録ともいうべきものです。

できあがったモッツァレラチーズ

カッテージやモッツァレラなどの、チーズ作りの教本、レシピ本として楽しんでいただきながら、牛や酪農家とのつながりや、日本の牛乳がたどってきた歴史や食文化を身近に感じ、ともに考えていただけたらさいわいです。

「ハイジの好きなチーズパン。炙るとトローッと溶けるのはやっぱりラクレット？」「ハイジのおじいさんのチーズ」は忘れ難く、そんな話題が今も会話に上るほど。みんなのチーズ『サンモッツァ』もトローッと伸びますよ。

簡単！　楽しい！　おいしい！　驚きと感動のチーズを、ぜひあなたも試してみてください。

２０２１年３月

スローライフミルク研究会　山口やよい

●目次

第6章　日本の牛乳のあゆみとこれから
～牛乳史に見る殺菌が抱える困難～　……67

第1章

簡単モッツァレラチーズ誕生のきっかけ

搾りたての牛乳に、お酢を加えて作るフレッシュチーズ「サンモッツァ」。それは、酪農家の台所で、とある偶然から生まれました。

娘とチーズ作りを夢見て牧場経営

私は、１９６９（昭和44）年に非農家出身の山口晋祐と結婚し、同時に夫の郷里である熊本県阿蘇郡蘇陽町（現・上益城郡山都町）で酪農を始めました。今でいう新規就農ですが、当時はそのような言葉さえない時代でした。「九州のへそ」と呼ばれた旧蘇陽町の分水嶺上にある狭隘な地に牧場を構えて52年、農地と頭数のバランスに苦慮しながらも、人にも牛にも恵まれて楽しく積極的に経営に取り組めたことは幸運なことでした。

現在、牧場は乳牛経産牛60頭、育成子牛40頭ほどで牛乳生産をしていますが、搾乳牛のうちジャージー牛とブラウンスイス牛が3分の1を占めるまでになっています。これは意図的に増やしたわけではなく「いつかはチーズ作りを」と思ってそれぞれの品種を1頭ずつ導入したものの、どちらも生まれた子牛の売り先がなく、いつの間にか20頭にもなってしまったのです。

それは我が家の牛乳生産量を減らし、経営の悪化を招く要因になっているのですが、それぞれの品種にも特徴があり一朝一夕に解決できません。他にも和牛の繁殖牛、肥育に向けられるジャージーの雄子牛（去勢牛）など多種多様。白黒（赤白も）ホルスタイン、小さいけれど気の強い茶色のジャージー牛、骨太で大柄だけど人懐っこいブラウンスイス牛はほとんど灰色、それに和牛の黒色、一見すると観光牧場？　と間違われそうな陣容ですが、いたって普通の酪農家です。総勢１３０頭ほどを、搾乳牛は自由に動き回れるフリーバーン牛舎で、他の牛は古いつなぎ式の牛舎と運動場（パドック）を使ってストレスの少ない飼育を心がけています。

牛舎作業は二男の孜朗と夫、それに長女長野麗《うらら》の夫、正典が担当しています。２０１３（平成25）年に始めたカフェ併設の乳工房「山の未来舎《みるくしゃ》」は、麗が担当しています。後にジャージー牛のお肉の味がよいことを知って、雄子牛の有効利用のために始めた肉工房「ジャージーミート倶楽部」も彼女の担当です。チーズ、牛肉製品、自家製バターで作る菓子、どれもこれも少量生産で6次産業化とは名ばかりですが、お客様の「おいしい」の言葉にたしかなもの作りへの自信と希望を見出しています。

牛乳が母乳代わり生まれた時から酪農とともに

私の実家は北海道釧路市音別町（旧白糠郡音別町）で早

牛舎の中の白黒ホルスタインなど

くから酪農に取り組んでいました。祖父は日本酪農の先駆者、宇都宮仙太郎氏の牧場で酪農を学びました。宇都宮牧場では北海道製酪販売組合連合会の創始者であり後に北海道酪農義塾（酪農学園大学の前進）を創立した黒澤酉蔵氏と牧夫として一緒に学んだそうですから、大正の初めにはすでに乳を搾っていたことになります。

祖父の日記には、搾った牛乳を汽車で1時間はかかる現在の釧路市に送っていたことが記されています。冷蔵施設もない当時、生乳がどのような状態で輸送されていたのか知りたくても、それを訊ねる人はもういません。

終戦後の食料不足の中で、私の母はほとんど年子の兄弟姉妹５人を産み育てました。早産気味で生まれた私は、姉と誕生日が一緒で３６５日しか違わず、お乳の出なかった母は牛乳で私を育てたそうです。

家族の食事には毎日3升（約５・４ℓ）の牛乳を使ったというから驚きます。お米のできない寒冷地で、わずかばかり収穫できたえん麦を挽いてカブと一緒に煮込み、おじやのようにして食べたと聞きました。貧しい食事のようですが、よく考えるとオートミールのようであり、合理的だと思いました。

何もかもが不足していた時代、羊を飼い毛糸を紡ぎ、野菜クズを煮込んで鶏を飼い、卵も肉も自給しました。牛乳処理室の天井に吊り下げられた牛乳缶を振り続けてバターも作りました。できたてのバターは汗をかいています。そんなバターかけご飯がおいしかった時代でした。

極寒の地での当時の暮らしの苦労は、並大抵ではなかったはずですが、衣・食・住のすべてを家族みんなで紡いだ暮らしは、時代を経た今もなお、生き生きと私の活動の原点となっています。

飲んでもらえないなら牛乳を食べてもらおう

2004（平成16）年、私は熊本県の酪農女性部協議会会長に就任しました。その2年後の2006年の冬、熊本では需給バランスの崩れから販売不可乳が発生。生産にブレーキがかかりました。生産枠をオーバーする人が、あちこちで牛乳を廃棄せざるをえなくなったのです。

誰でも大切な生産物を粗末にはできません。役場や県酪連が運営する阿蘇郡西原村の「らくのうマザーズ阿蘇ミルク牧場」に「これを食べてみてください」と「牛乳豆腐」を持ち込んだ酪農家がいました。捨てざるを得ない生乳で作った、日本風のカッテージチーズです。

カッテージチーズとは、火にかけて噴き上がるくらいまで温めた牛乳にお酢を入れて固めたチーズです。昔は酪農家なら誰でも、出荷できない初乳で作ったものですが、飼養頭数が多くなった今は、作る人も減ったようです。

「お客様の評判がとてもいいですよ」

牧場の職員からその話を聞いた私は、

「これだ！」

と思いました。

「牛乳を飲んでもらえないなら、食べてもらおう！」

こうして牛乳をたくさん使うカッテージチーズを、女性部でPRすることにしたのです。この時の経験が、現在の活動につながることになりました。

春休みのミルク牧場に協議会の役員が集まり、カッテージチーズの作り方の実演に加え、その場でチーズコロッケを揚げ、持ち寄ったサラダや煮物、ケーキなどとカッテージチーズの試食会をしました。お客様の評判はとてもよく、子どもたちは牛乳があっという間に姿を変えることに興味津々でした。手応えを感じた私たちは、

「牛乳を食べよう」

「家庭で作ろうカッテージチーズ」

と標語を作り、各地の酪農女性部の協力を得て、地域の

イベントでも同じように実演、試食会を開きました。

市販牛乳で作るチーズはパサパサ

じつは、牛乳廃棄のあった冬の役員会では「牛乳バッシング本」の存在も話題になり、それまで乳牛の飼養管理の勉強ばかりしていた私は、大きなショックを受けていました。当時はすでに消費者の牛乳離れが取り沙汰されていたのです。そこで私は、九州酪農青年女性会議に、「酪農家自身がもっと牛乳を知らなければ」と提案し、北海道大学の仁木良哉教授を招いて勉強会を開きました。すると、「心配するようなことはない」とのお話だったので、一応安心したのでした。

ただ、牛乳利用の活動をする中で、いくつか気付いたことがありました。牧場で作るカッテージチーズはもっちりと弾力があるのに、市販の牛乳で作るとパサパサしていて、ガーゼで包んで固まるまで少し待たなくてはならなかったのです。味もそのまま食べるには物足らず、サラダに混ぜたりコロッケのタネにしていました。

酪農家の自慢の牛乳豆腐は、消費者の手に届く殺菌された市販の牛乳ではあまりおいしくできないのです。おいしくなければ利用者も広がりません。しかし、その時は牛乳は殺菌しなければ流通できないので、仕方がないと思うしかありませんでした。

カッテージチーズがモッツァレラに変身!?

私には、長女の麗が酪農学園大学に進学した頃から「卒業したら、一緒にチーズを作りたい」という夢がありました。当時はすでに今の工房の裏の土手にチーズ熟成庫用の横穴を掘っており、本を読んでは「こんなチーズを作りたい」と考えていたのです。

そんなある日、テレビでイタリアのチーズ職人が、桶の中に熱いお湯を注いでカード（牛乳を固めたチーズの素）を練り、モッツァレラチーズを作っていました。そのカード作りは、レンネット（凝乳酵素）を入れて固めたり、発酵させたりと、とにかく手間と時間がかかります。

その時、たまたま冷蔵庫内の容器に60～65℃の低い温度で生乳を温めお酢を入れて固めただけの半流動的なカッテージチーズがありました。一般的な作り方のカッテージチーズでは固くて練れないだろうけど、「ひょっとしてこれなら……」

と思い、同じようにお湯を注いで練ってみたのです。するとどうでしょう。テレビで見たのと同じように、まるでお餅を搗いたようになめらかになるではありませんか！　私はガーン！　とハンマーで殴られたような衝撃を受けました。乳酸菌やレンネットで固めたカードを使わなくても、カッテージチーズからモッツァレラチーズができてしまったのです！

お酢で固める日本のカッテージチーズとは？

私たちのチーズ作りの元になっているのは、日本の酪農家の間で昔から親しまれていた「牛乳豆腐」でした。

それはまたチーズの原点でもあるヨーロッパの「カッテージチーズ」に通じるものがあります。その語源は、農家の小屋（cottage＝カッテージ）であることからも、農家の小屋や家庭で簡単に作られたことが想像できます。牛乳から乳脂肪を抜いた脱脂乳などを原料に、乳酸菌、レンネット（凝乳酵素）を加えて作ります。その歴史はオランダやイギリスが始まりといわれていますが、その後アメリカに伝わって、脂肪の多いアメリカ人の食生活の中で、健康食として広まっていきました。

ところが、私たち酪農家が作る「牛乳豆腐」も、今、日本の家庭で作られている「カッテージチーズ」と呼ばれているものも、ヨーロッパのスタイルとは、原料もその作り方も大きく違っているのです。私たちの牛乳豆腐もカッテージチーズも、全乳（牛乳から脂肪などを抜いたり添加したりしていない牛乳１００％のもの）を、沸騰直前まで加熱し、お酢やレモンなどの酸で直接固める方法です。

世界中のおいしいチーズが日本へ輸入され、出回っている昨今、チーズ通の方もたくさんおられることでしょう。原料と製法の違いを知るにつけ、日本のチーズ作りの幼さを嘆かれるかもしれません。

しかし、私には雑菌が繁殖しやすい高温多湿の気候風土の中で、日本の発酵文化のひとつであるお酢が身近にあったことで、失敗せず確実に作れる牛乳豆腐が酪農家に広まったのは、当然のことのように思えるのです。

酪農家のご馳走
初乳で作る牛乳豆腐

ヨーロッパには６０００年とも８０００年ともいわれる乳利用の歴史があるのに対し、日本の乳利用は明治以降、一部の特権階級を除いて、本格的に広まったのは終戦後で

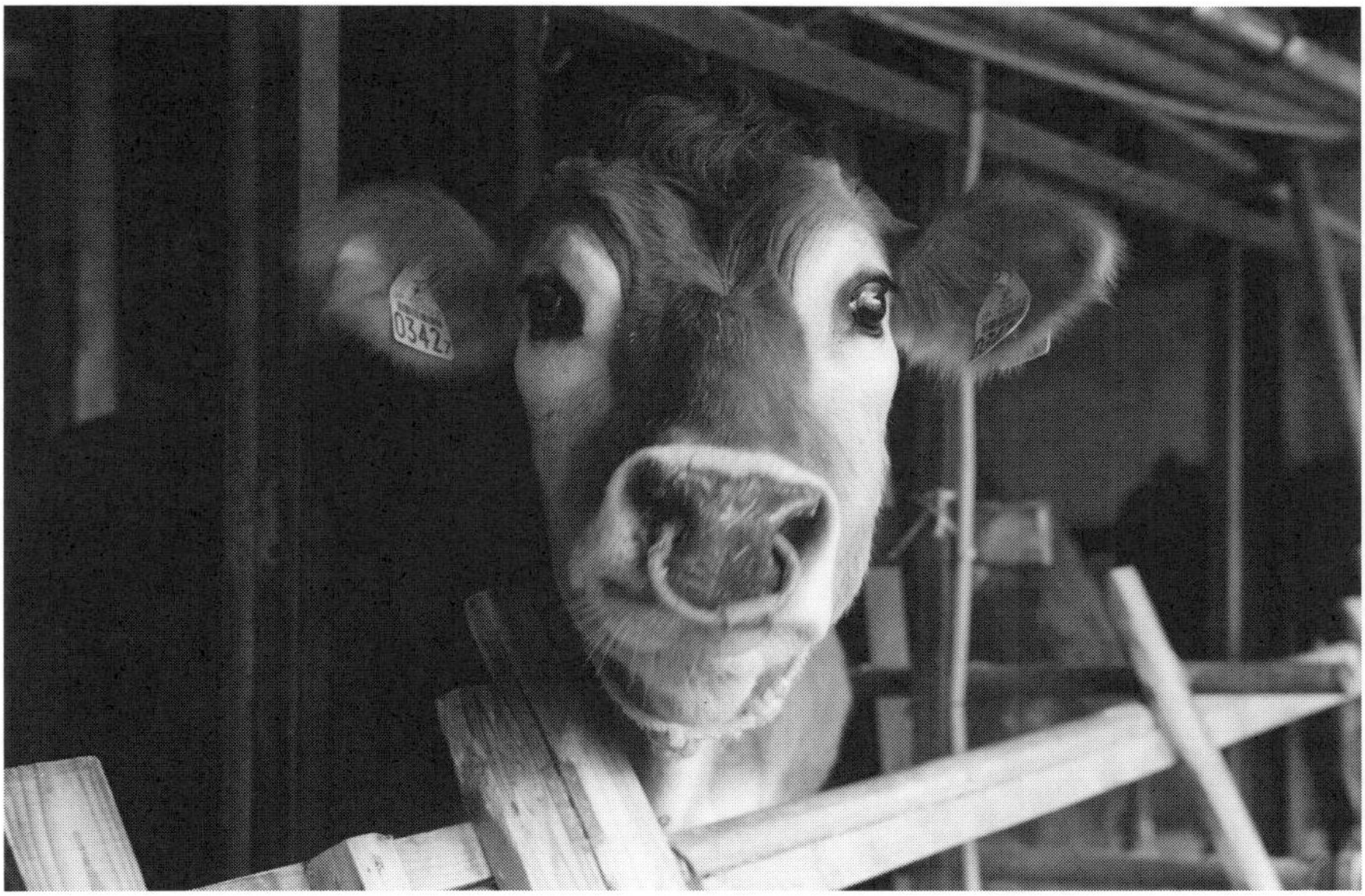
小さいけれど気の強い茶色のジャージー牛

すから、まだ75年にすぎません。敗戦後、「国民の体位の向上に」「地域の農業振興に」と、酪農の普及が進みましたが、その後の急速な経済復興、高度経済成長の波がやってきたことで、耕地面積にも気候風土にも決して恵まれているとはいえない零細な日本酪農は、大きな試練の時代を迎えることになりました。

酪農には施設や農業機械に加え、多額の資金が必要です。数頭飼いから始まった、まだ技術的にも稚拙な牛飼いが、高度経済成長の波に乗らざるを得なかった時代。問答無用で規模拡大を余儀なくされた時代の中で、一番大変な思いをしてきたのは、酪農家の主婦たちでした。過酷な酪農の仕事は、乳利用を深めることになかなかつながらず、牛乳は酪農における収入を得るための《換金作物》であったといえましょう。

しかし、こうした過酷な時代の酪農生活にあっても、乳利用の喜びはありました。それは子牛が生まれた時だけ利用できる初乳から作る牛乳豆腐。また、寒冷地の牧場では、牛のお産が重なった時などに牛乳を溜めてバターを作ることもできました。

初乳とは、子牛が生まれた時、母牛が子牛のためだけに泌乳する特別の牛乳です。免疫グロブリンやラクトフェリンなどの免疫物質が豊富で、その成分は通常の牛乳と大きく異なります。そのため分娩後5日目までの牛乳は出荷できない決まりがあり、酪農家は検査機関で通常乳としての合格判定を受けてから出荷しなければなりません。牛乳豆腐は、ふだん出荷する牛乳でも作りますが、初乳で作るものは濃厚で、ことさらおいしく感じられるのです。

初乳は熱に弱く、チーズを作ろうと加熱すると、お酢も入れないうちにブツブツと固まってしまいます。そんな状態は3日ほど続くので（どの牛も同じではなく、母牛の体調により異なります）、残りの2日ほど、子牛に飲ませて残った初乳を牛乳豆腐として食したのです。それはまた酪農家だけが味わえるご馳走だったかもしれません。

牛乳豆腐のおいしさは、なんといってもその濃厚さにあります。それもそのはず。初乳は乳脂肪も、できるチーズの量も、通常乳とは比べ物にならないほど多いのです。

今日の大型化した酪農の生産現場では、初乳は「発酵乳」「冷凍初乳」として管理されることが多く、酪農家の初乳を使ったチーズ作りは、もはや過去のものになりつつあるようです。

私もいろいろと試作しましたが、初乳で作ったモッツァレラチーズには、まるでクリームチーズのような贅沢な味わいがありました。

ノンホモ・パス乳をチーズ作りには

酢で固めるカッテージチーズから、モッツァレラチーズができることを発見した私たちは、さまざまな牛乳で実験と試作を始めました。そしてわかったことがあります。

酪農家が生乳で作るカッテージチーズは、目の粗いザルで濾してもほとんど流れ出るようなことはなく、モチッと弾力があり、ひとかたまりになります。ところが、市販の牛乳で作ったものは、一つひとつのチーズのかたまりに引きがなく、パサパサした感じがします。

生乳を使うと、ザルで濾して固まったチーズをそのまま利用できますが、市販の牛乳では、形がまとまるまで濾したガーゼでしばらく包んでおかなければなりません。

たしかに一般の牛乳でもカッテージチーズはできます。ところがいざ、モッツァレラチーズを作ろうとお湯を入れると、カードがバラバラになったり、白い絵の具を水で溶いたように流れてしまったり……。この時はっきりと、「市販されている牛乳は、牧場の牛乳とは性質が変わってしまっている」と、認識したのです。

私はいてもたってもいられなくなりました。本を読み、牛乳に詳しい方からも情報を集めました。その中で、牛乳の性質が変わってしまう原因のひとつに殺菌温度が大きく関係していることがわかりました。

牛乳の殺菌法は、１２０～１３０℃で２～３秒殺菌する超高温殺菌法（ＵＨＴ）と、63℃で30分間（ＬＴＬＴ）、または72℃で15秒間（ＨＴＳＴ）殺菌する低温殺菌法（パスチャライゼーション）に分けられます（70ページ参照）。

現在流通している市販牛乳の90％以上は、ＵＨＴ処理された牛乳です。ＵＨＴ牛乳は、保存容器を缶にすることなどで、長期保存が可能だといいます。そのため欧米をはじめとする多くの国々は、ＵＨＴ牛乳を飲料には利用せず、料理用や輸出用に使い、飲料はＨＴＳＴ牛乳やＬＴＬＴ牛乳が一般的なのだそうです。

そして、ふつうチーズの製造にＵＨＴ牛乳は使えず、低温殺菌牛乳が必要だということもわかりました。超高温処理すると、牛乳のタンパク質やカルシウムの形が変わり、レンネットを加えても固まりにくくなってしまうというのです。

さらに、ＵＨＴ処理では、牛乳の脂肪球の大きさが製造上の問題となることから、脂肪球に圧力をかけて均一化（ホモゲナイズ）させ、牛乳に余計な負担をかけていることも知りました。

日本の酪農家の暮らしから生まれた、お酢で固める牛乳豆腐（カッテージチーズ）。これを元にさらに弾力のあるモッツァレラチーズを作るには、ノンホモ（脂肪球を均一化しない）、パス（低温殺菌）の牛乳が必要です。

それはまた、私たちが牛からいただいた搾りたての生乳に最も近く、なおかつ流通が可能な牛乳の姿でもあります。そして、これが手に入れば、誰もが手軽に家庭でチーズ作りを楽しむことができるのです。

酪農女性たちの試み

私たちが「NPO法人スローライフミルクネット」を立ち上げて以来、全国の酪農家の仲間たちが各地で手作りチーズ講習会を開いて、ノンホモ・パス乳の大切さ、このチーズの可能性について伝えてきました。

荒尾酪農業協同組合女性部（熊本県）

熊本県の北部、荒尾市の荒尾酪農業協同組合女性部のみなさんは、私たちの講習会を受けたことを機に「荒尾でもこの活動を広めよう！」と決意。部員の中には自家製の牛乳でゴーダチーズを作った経験のある人もいるそうです。2015年から地元の小中学校へ出向き、チーズ作りを通して酪農の仕事や牛の一生について、さらにホエーを活用したスムージー作りも紹介。荒尾市とも連携して補助事業を上手に活用しています。

特に中学校では、毎年120人ぐらいの3年生に向けて3日連続で実習を実施。とても大変だったと思いますが、見事にやり遂げられました。こうした活動が評価され「平成28年度くまもと里モンプロジェクト推進事業」に採択され、さらに「熊本農山漁村ふるさとフォーラム2017」で奨励賞を受賞しました。サンモッツァの講習は、各地で酪農と地域の子どもたちをつなぐ架け橋になっているのです。

きゆな牧場（沖縄県）

沖縄県大宜味村のきゆな牧場は、「大人には農業の重要性を、子どもには動物と触れ合う楽しさ、生命の貴さを知ってほしい」と願い、教育ファームを実施しています。宿泊も可能で、外国からのお客様も多いのだとか。あの暑い沖縄で、牛を放牧で育てていて、牛が放牧場へ出かける光景にも出会えます。搾乳やバター作りなど、酪農家でしかできない体験教室もいろいろ。牛と一緒に人も育てるユニークな牧場です。

荒尾市立府本小学校での講習会にて。牛柄のエプロンは荒尾酪農協女性部のメンバー。子どもたちも興味津々（2015年12月17日）。

道路を歩いて放牧場へ向かう、きゆな牧場の牛たち。

ママトコキッチン（熊本県）

菊池市の「ママトコキッチン」は、熊本ミートセンターのお隣。熊本のおいしいお肉とその加工品が味わえるレストランです。店内ではウインナーやピザ作りに加え、「サンモッツァ」の教室も実施。店長の山下海南子さんは、うちの工房で作り方を学び、NPOの理事としても活躍。現在もお店でチーズ作りの体験教室の指導に当たっています。

料金1700円（1人）体験は4人～
https://mamatoco.co.jp/

第2章

簡単モッツァレラチーズの作り方

ノンホモ・パス乳があれば、あら不思議。
ご家庭で手軽にチーズ作りが楽しめます。
3ℓが基本ですが、1ℓでも作れます。

おうちでチーズ、作りましょう

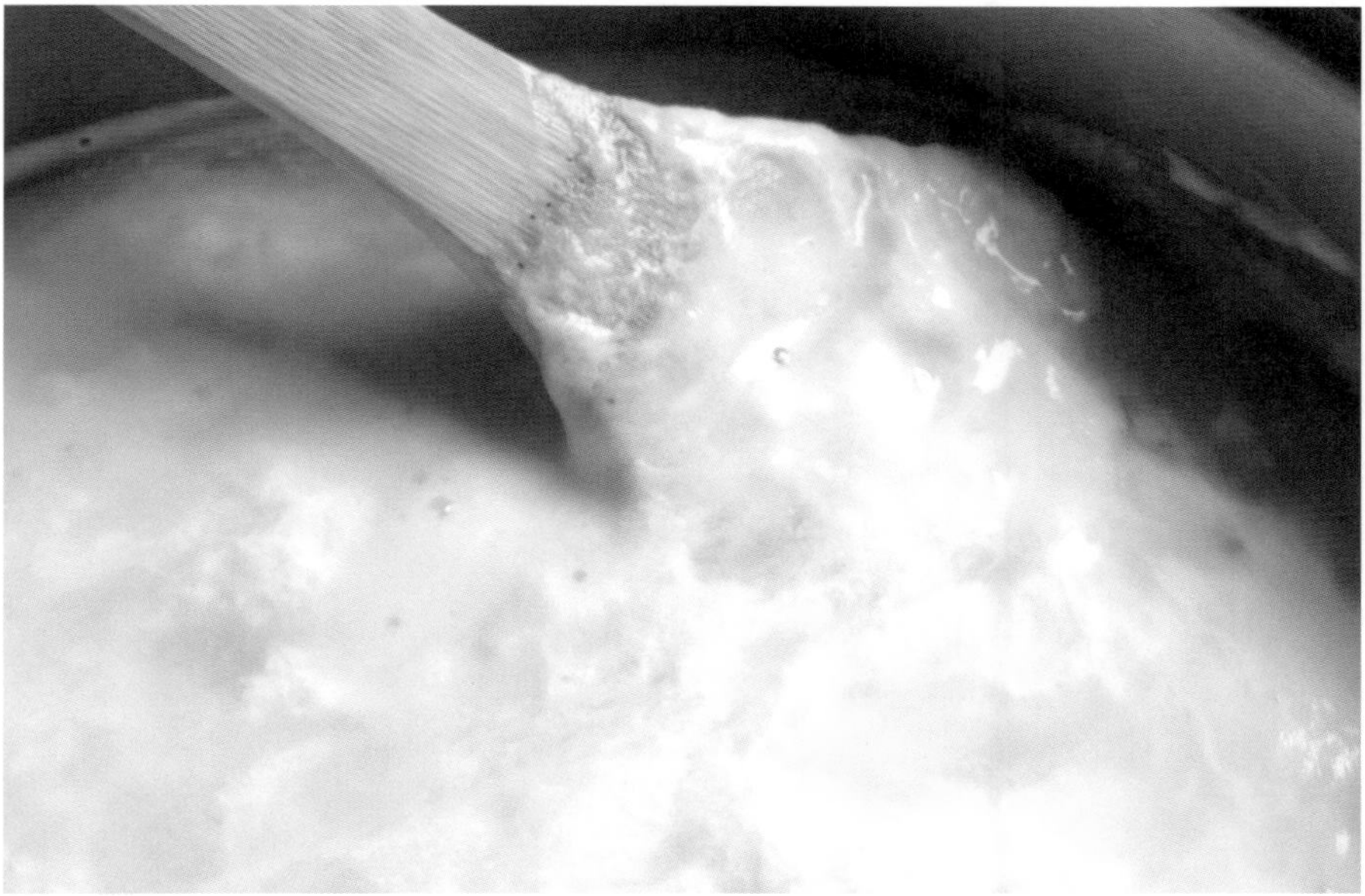

牛乳に酢を入れた瞬間。「天女の羽衣」のように繊維状に固まる

長い間、私たち酪農家の女性たちですら、モッツァレラチーズは、熟練した職人技と「レンネット」という酵素がなければ、作れないと思い込んでいました。

ところがある時、ノンホモ・パス乳とお酢があれば、あら不思議。私は家庭でも簡単にできてしまうことを発見してしまったのです。それ以来、講習会を開いてその作り方をたくさんの方々に伝えてきました。

このチーズ「サンモッツァ」は、モチッとした食感とクセのない味わいが魅力。チーズ作りは、ご家庭でホンモノの生乳に近い、生きたノンホモの低温殺菌牛乳の魅力と不思議、そして味わいを、日々の食事を通して知る、大切な機会でもあります。小さな子どもからお年寄りまで、家族みんなで楽しめます。作り方の大まかな流れは、以下の通りです。

①牛乳を固めてこねる

牛乳を温めて酢を混ぜると、すぐ固まります。それを集めて熱湯の中でこねると、弾力が出て、きめこまやかなフレッシュチーズになります。

②成形して氷水と塩水に浸ける

大きなかたまりを丸くちぎって氷水で冷やし、塩水で味をつけるとモッツァレラチーズに。かたまりを引っ張って何度も折りたたむと、ストリングチーズができます。

ノンホモ・パス乳を選ぼう

材料は以下の通り。3ℓのノンホモ・パス乳から、約300gのモッツァレラチーズが作れます。この分量を基準に、牛乳と酢の分量を割り出して作りましょう。

材料

牛乳…………ノンホモ・パス乳　3ℓ
酢……………210㎖（牛乳の量の7％）
塩水…………（水1ℓ　塩160g）
90℃のお湯……（2ℓ程度）
氷水…………500㎖程度（使う直前に用意）

牛乳について　「サンモッツァは」、一般的にスーパーや小売店で販売されている高温で加熱殺菌された牛乳ではうまく作れません。また、低温殺菌牛乳の中でも、脂肪球を粉砕して均一にするホモゲナイズ処理された牛乳では、うまくいきません。ですからできるだけ、搾りたての生乳に近い状態の低温殺菌かつ「ノンホモ」と明記された牛乳を選びましょう。最近は、自然食品店や通信販売の他、一部のスーパーでも、1ℓ400円前後で販売されています。

酢について　牛乳の7％が分量の目安です。果実酢よりも酸度4・2％ほどの米酢や穀物酢が適しています。

チーズ作りに必要な道具たち

チーズ作りに必要な道具は以下の通り。身近な家庭用品や、簡単に手に入るものばかりです。

道具

寿司桶
柄の長い木べら　2本
粉ふるい（目の細かいもの、網じゃくしでも可）
温度計
布手袋と薄手のゴム手袋
鍋（3ℓの牛乳が入るもの）
ボウル（耐熱性のもの）
やかん
ザル
巻き簀・ラップ（ストリングチーズ用）

寿司桶について　チーズをこねる時は、熱湯を注いでも冷めにくくチーズがすべりにくい木製の寿司桶が最適。ない場合は、保温性の高いプラスチックの桶で代用しましょう。

手袋について　作業にとりかかる前に、内側に布手袋、外側にゴム手袋と、二重にはめてスタンバイします。固める時に熱湯を使います。火傷には十分注意しましょう。

牛乳を固めてこねる

固める時は、温度がポイント

牛乳を温めて酢を加えると、酸が作用してカゼインというタンパク質が固まります。温度は63～65℃がベスト。それは牛乳の性質を変えずに流通させることができるパスチャライズ（低温殺菌）の温度帯に近いから、不思議ですね。適温で凝固させると、かた過ぎず、やわらか過ぎないチーズに仕上がります。

さらに牛乳のかたまりを、熱々の湯の中でしっかり練ることも大切です。ただし、こね過ぎは禁物。うま味が逃げてボソボソした食感になってしまいます。チーズの肌のキメが細かくなったところで、作業をやめます。

作り方①

1

牛乳を鍋に入れ、木べらでゆっくりかき混ぜながら、強めの中火で温める。しゃもじと温度計を一緒に持ち、こまめに温度を確認。63～65℃になったら火を止める。

2

酢を少しずつ鍋に回し入れ、木べらで5分ほどゆっくり混ぜる。牛乳が繊維状にまとまり、カード（個体）とホエー（液体）に分離する。

3 木べらで凝固したカードをすくいあげ、寿司桶へ移す。この時底にカードが張り付かないように、寿司桶を少し湿らせておくとよい。

4 手ですくいきれなかったカードは、粉ふるいで濾して集め、水気を切って寿司桶へ移す。残ったホエーは、料理などに使えるので、保存しておく。

5 90℃の湯を寿司桶の中へ注ぐ。カードにほぼかぶるぐらいになったら、木べらを両手に持ち、カードをこねる。2本の木べらを使い、カードを交互に内側に折りたたむように、丸くまとめる。湯は常に90℃を保つようにする。(保温機能付き給湯ポットなどを利用)

6 ある程度弾力が出て慣れてきたら、手で同じように練る。お湯の温度が下がってきたら、熱湯を注ぎ足して、カードの表面がつるんとなめらかになるまでこねる。

成形して氷水と塩水に浸ける

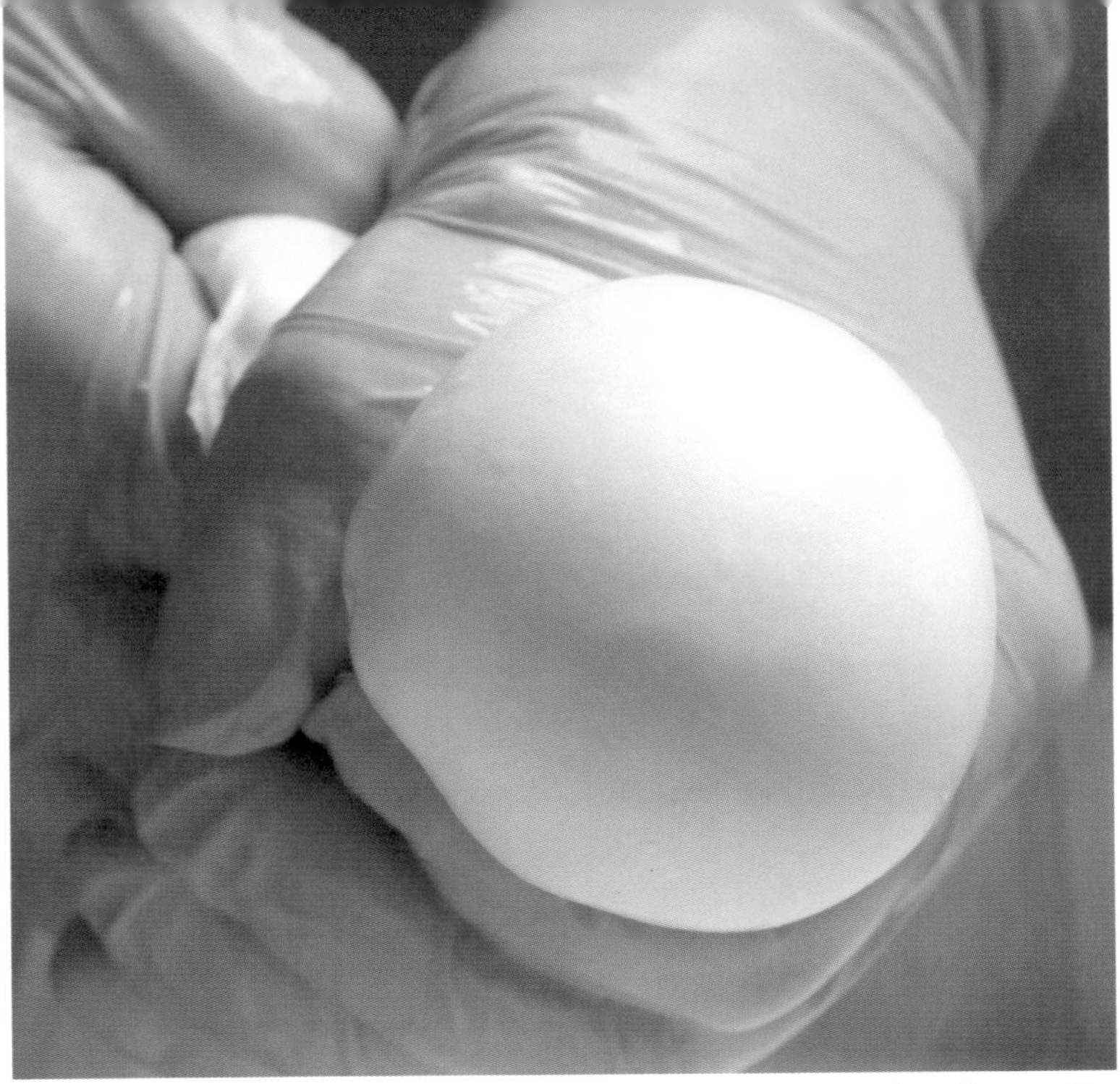

カードをよくこねると、表面がツルツルに。食べやすい大きさにちぎる

モッツァレラは、イタリア生まれのフレッシュチーズ。水牛の乳で作るのが本来の製法ですが、近年は牛乳から作られた商品も増えています。イタリア語で「ちぎる」を意味する「モッツァーレ」から、この名で呼ばれるようになりました。その名の通りカードをちぎって作りますが、力任せに強く引っ張ると切り口がボソボソと粗くなり、チーズのうま味が逃げてしまいます。指を上手に使って、きれいに切り離すのがポイントです。

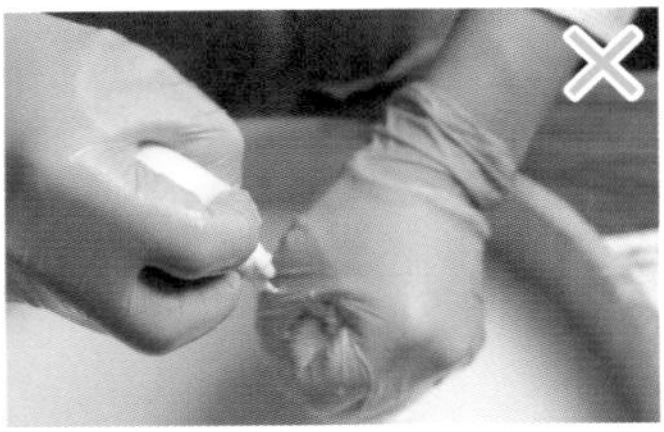

ダメなちぎり方

しぼり出したカードを上からつかみ、強引に引っ張ると形が悪くなり、切り口が粗くなってしまう。

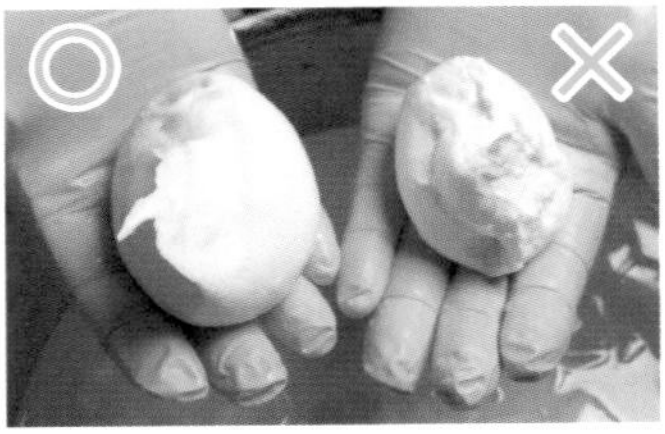

左は正しいやり方でちぎったチーズ。右は強引に引きちぎったチーズ。切り口の断面が粗く凸凹が多いと、氷水や塩水に浸けた時、うま味が逃げてしまう。

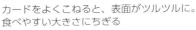

作り方②

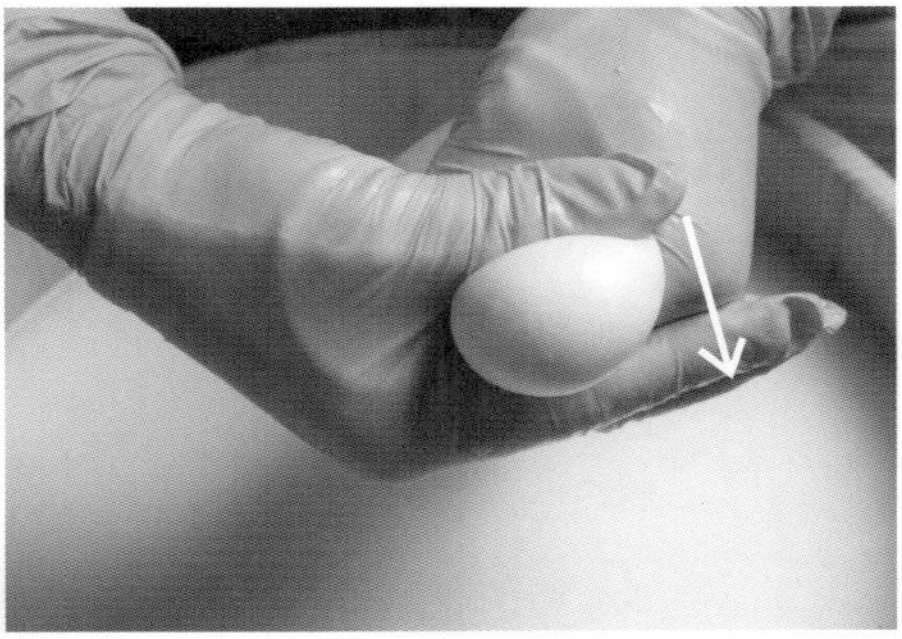

7　適量を丸めたら、両手の指の間からしぼり出すようにして成形する。左手の人差し指に力を入れて、カードの一部を丸くしぼり出し、最後は一気に右手の親指で押し切る。

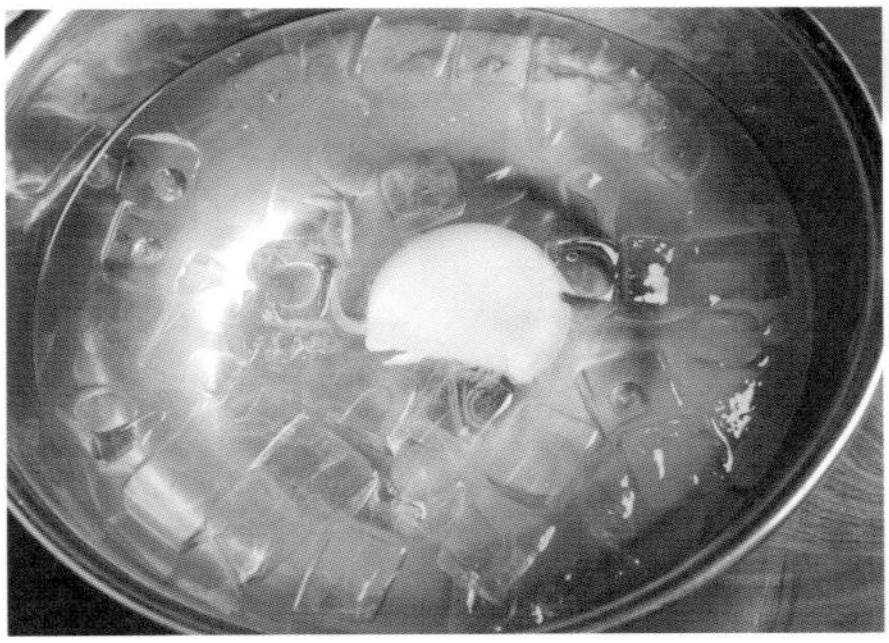

8　ボウルにたっぷり氷水を張り、ちぎったチーズを10分ほど浸ける。冷やすと形が安定し、食感もよくなる。

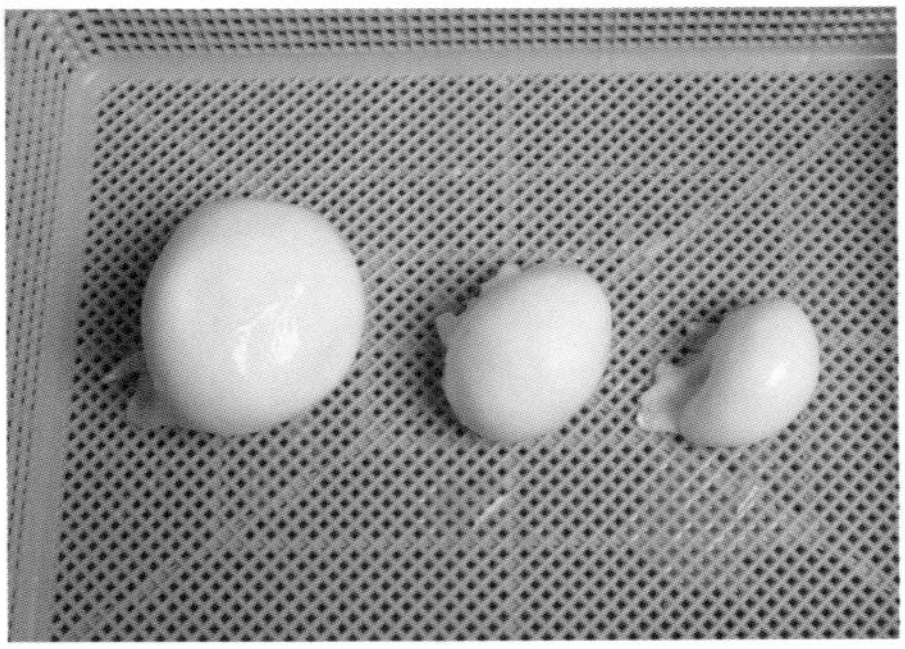

9　ボウルに作った塩水に、15～20分浸けて、味付けする。塩水から取り出してザルに並べ、1時間ほど水を切ったら、完成。

保存方法

チーズの水を切って容器に入れ、ラップをかぶせて冷蔵庫へ。できたてを食べるのもよいのですが、1～2日おくと塩がなじみ、よりおいしくなります。熟成チーズと違い、長期保存には向かないので、7～10日で食べきるようにしましょう。

1個ずつラップで包んで冷凍すれば、1カ月ほど保存できます。冷蔵庫に移して解凍して、そのまま食べるか、料理に使うようにしましょう。

番外編

ノンホモ牛乳1本で作れます！

材料と道具

生活クラブの「ノンホモ牛乳」… 1本（900mℓ）
酢 … 大さじ3（45mℓ）
ザルとボウル
熱湯（90°C）… 2 ℓ
氷水（ボウル1杯分）
温度計
木べら　2本

生協の「生活クラブ」では、ノンホモ牛乳（900mℓ・72℃で15秒間殺菌）を販売しています。そして私たち「NPO法人スローライフミルクネット」の活動に賛同して、組合員のみなさんに、ノンホモ牛乳を使ったサンモッツァの作り方を紹介。お家にある道具や材料で、手軽にチーズ作りが楽しめるように、1本分の牛乳から作る方法を、カタログを通して紹介しています。

「我が家で本当にモッツァレラが？」
「うわあ、できちゃった！」
「これはノンホモでないと味わえないおいしさだね」

そんな声が届いているのだとか。牛乳の量が少なくても、牛乳の温度をきちんと測ること。なめらかになるまでしっかり練り上げること。そのポイントは一緒です。

作り方

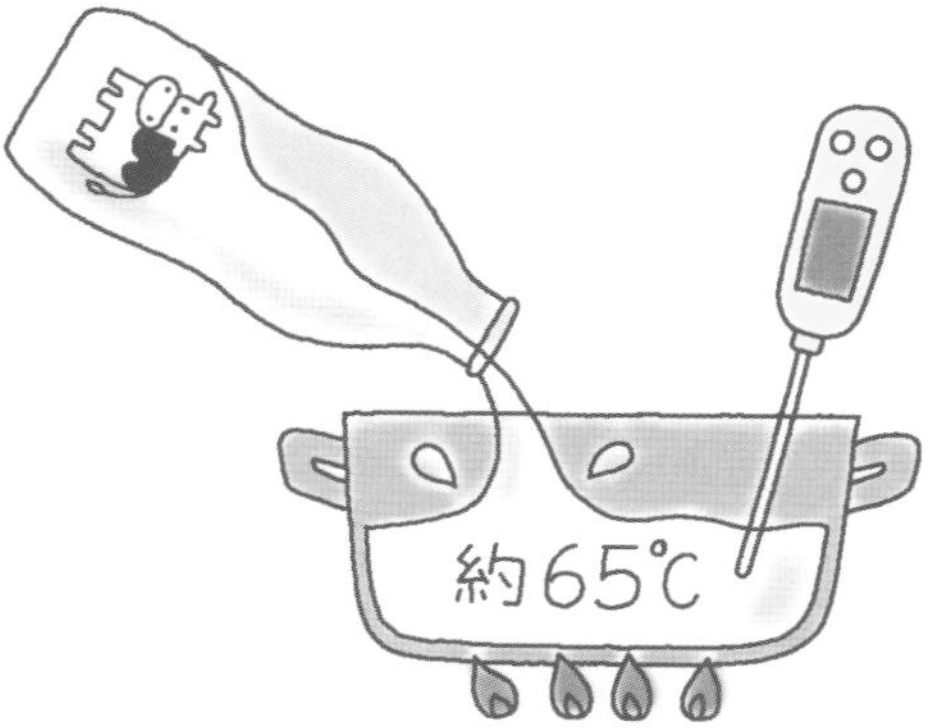

1 牛乳を鍋に入れ、温度を測りながら63～65℃になるまで温める。

2 火を止めて酢を回し入れ、かき混ぜると、かたまりができてくる。

3 2をザルにあけ、水分（ホエー）と、かたまり（カード）に分ける。

4 カードをボウルに取り出し、熱湯を注ぎ、両手に木べらを持って、熱湯の中で内側に折りたたむようにきめが細かくなるまで練り、ひとつにまとめる。

5 練るほどにかたくなるので、仕上げはお好みで。氷水で冷やせばできあがり。

6 ラップをして保存。冷蔵庫で2～3日が目安。

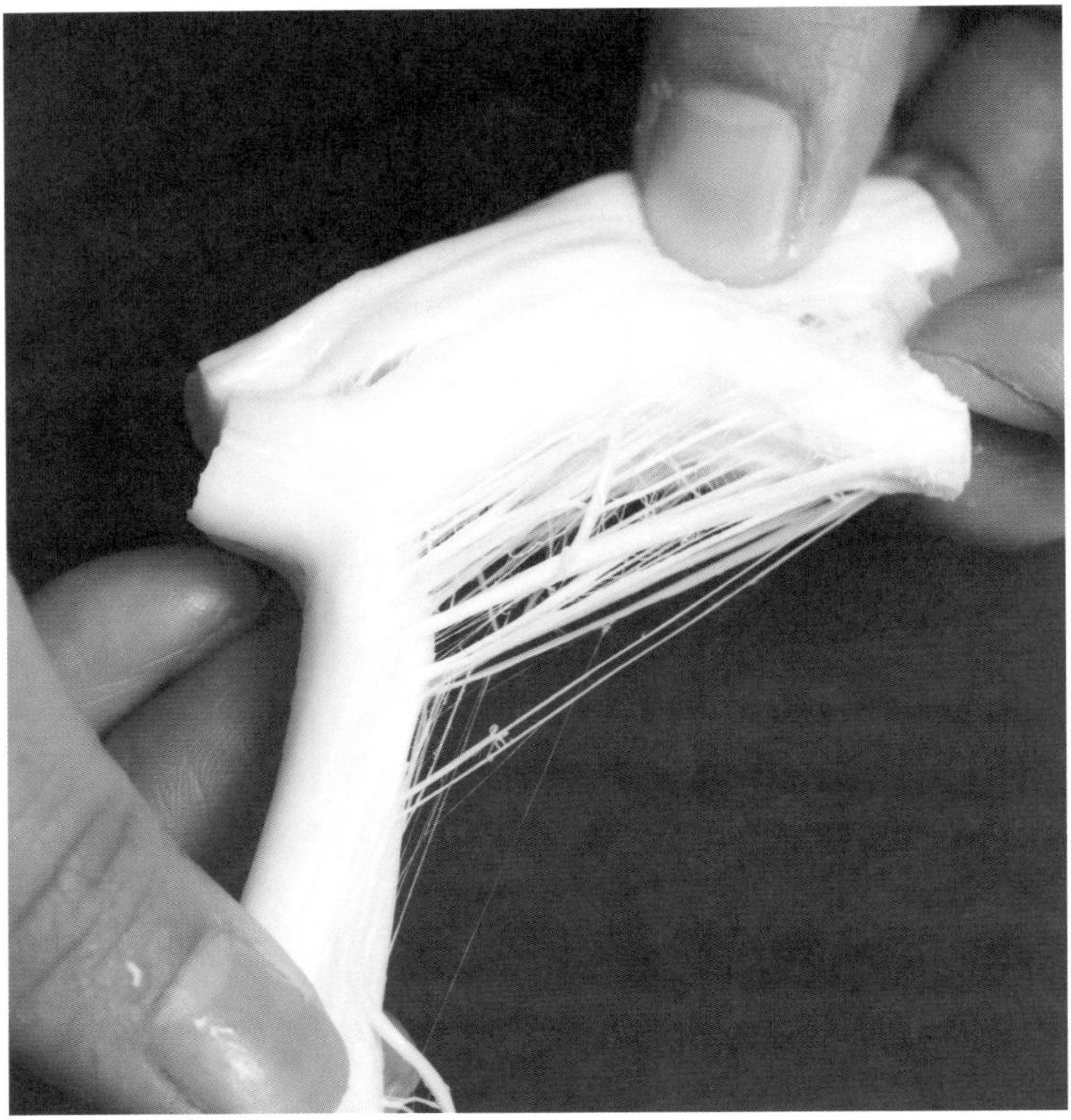

応用編

ストリング（さける）チーズを作る

ストリングチーズは、さいて食べるスタイルがさきいかに似ているせいか、子どものおやつやお酒のつまみとして親しまれています。実はこのチーズ、日本で開発されたものなのです。

作る時にカードの両端をビヨーンと引っ張り、折りたたんでまた引っ張る。そんな作業を繰り返すので、伸びた繊維がくっついた状態で束ねられ、手で簡単にさけるようになるのです。最後に氷水で形を固定し、海苔巻きのように巻き簀で巻くと、きれいに仕上がります。

カードの作り方は、サンモッツァの6までと同じです。

作り方

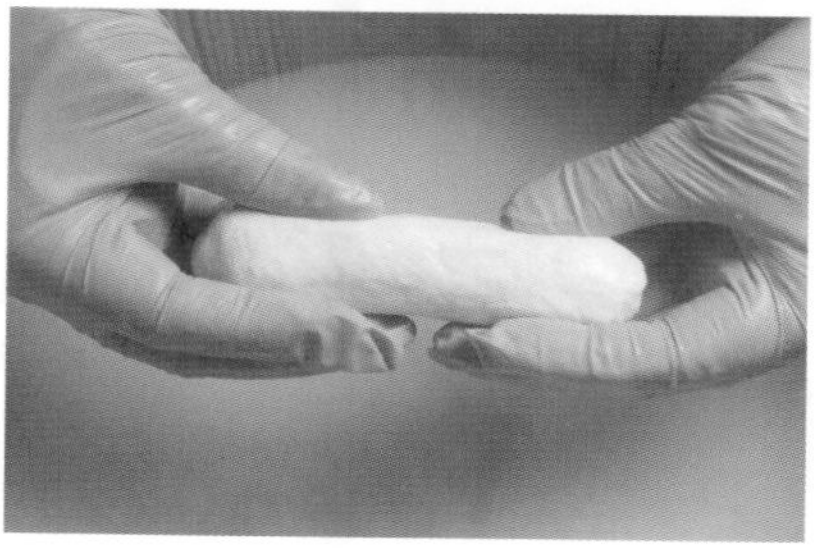

7 カードをピンポン玉ぐらいの大きさ（約40g）にちぎり、こねた時に使った湯に浸け、棒状に伸ばす。

8 カードの両端を持ち、ちぎれないようにゆっくり、長く伸ばす。

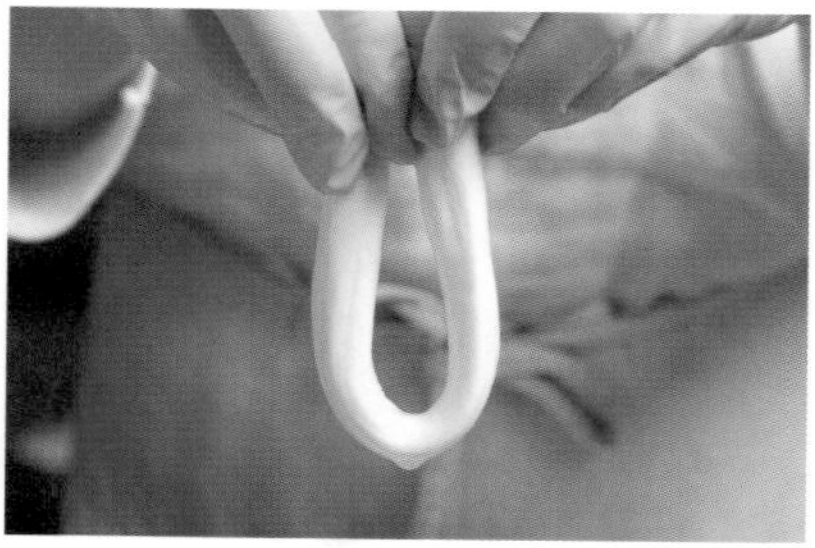

9 伸びたカードを中央で二つ折りにする。両端を合わせたら再び長く伸ばして、湯に浸けまた二つ折りに。この作業を5～6回繰り返す。桶の湯の温度が下がったら、お湯を注ぎ足す。

10 棒状に伸ばして、氷水に10分ほど浸ける。はじめは手で引っ張ったまま浸け、形を固定する。手を離すとカードが縮むので、両手でしっかり持つこと。

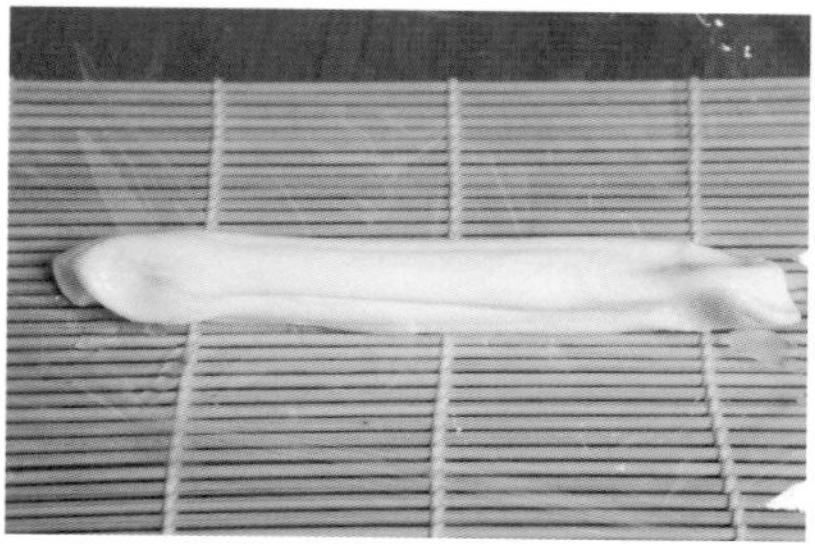

11 海苔巻き用の巻き簀を広げ、その上にラップを敷き、軽く水を切ったカードを手前に置き、力を入れて巻く。10でしっかり冷やしておかないと、だらんと伸びて巻き簀からはみ出てしまうので注意。

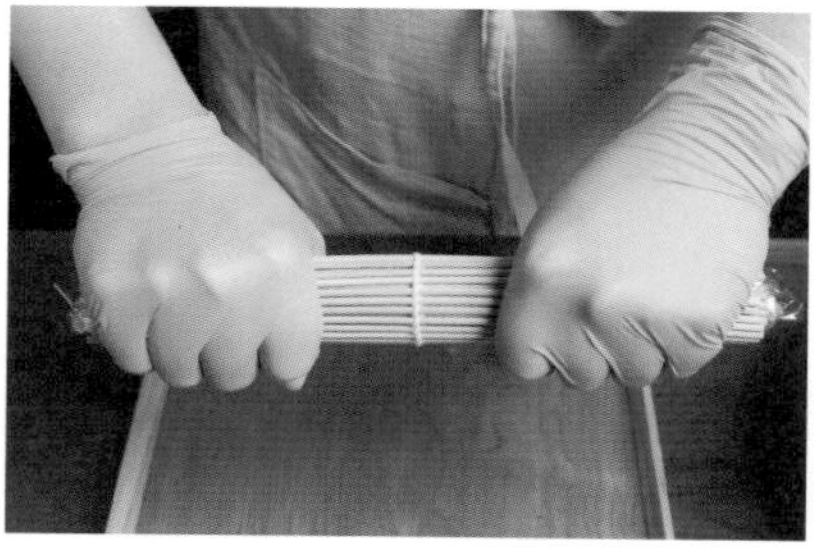

12 巻き簀の上から強く握る。カードの左右の向きを変え、再度巻き直す。巻き簀から取り出し、塩水に10～15分浸け、水を切る。保存方法はモッツァレラと同じ。

ホエーで作るクリーム&バター

液体のホエーは、チーズ作りの副産物。栄養価も高いので無駄なく使いましょう。残ったホエーを1日おくと、水面にクリームが浮いてきます。10ℓ以上の大量の牛乳を使った時は、これに砂糖を加えて攪拌すると、自家製のホエークリームが作れます。我が家ではコーヒーに入れたり、お菓子のトッピングにも。ロールケーキなどのケーキ作りの材料としても利用しています。

さらに、砂糖を入れずに攪拌し続けると、バターが作れます。とてもさわやかな味わいで、パンやクラッカーに塗って食べればモー最高!

お友だちや仲間と集まってノンホモ・パス乳を使ったチーズ作りをして、ホエーがたくさんできたら、ぜひ作ってみてください。酪農家が牧場で開くワークショップにも、ぴったりです!

クリームを作る

1
ホエーの分量に対して、6～10%の砂糖を加える。比率は通常の生クリームと同じ。好みに応じて甘さを調整する。

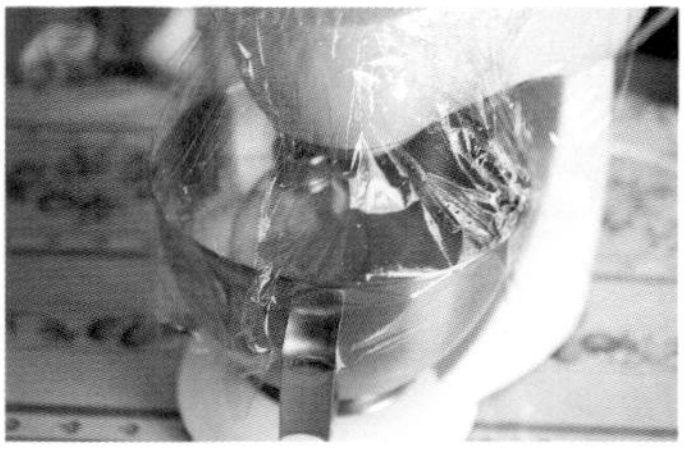

2
ミキサーに1を入れ、ホイップ状になるまで攪拌する。途中で分離した水分が飛び散るのを防ぐため、写真のようにミキサーにラップを巻きつけておく。

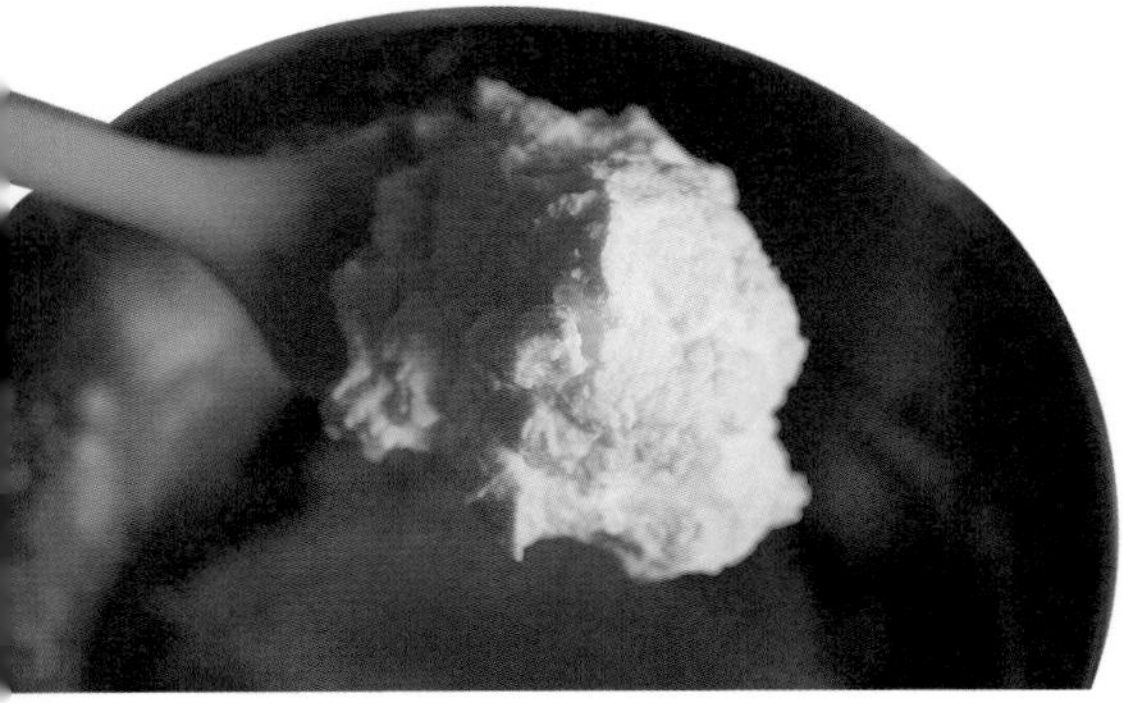

3
全体がもったりしてきたら完成。サワークリームのようなほのかな酸味があり、そのまま食べても美味しい。

バターを作る

チーズを作って1日置くと、その水面にクリームが浮かんできます。ホエーは水溶性のタンパク質を豊富に含んでいます。液体状のまま飲んだり、料理に加えてもよし。またそこからバターを作ることもできます。

1
ホエーの水面に浮かんだクリームをすくい取り、砂糖を加えずに、ミキサーで攪拌し続ける。だんだん固まって、バターができる。

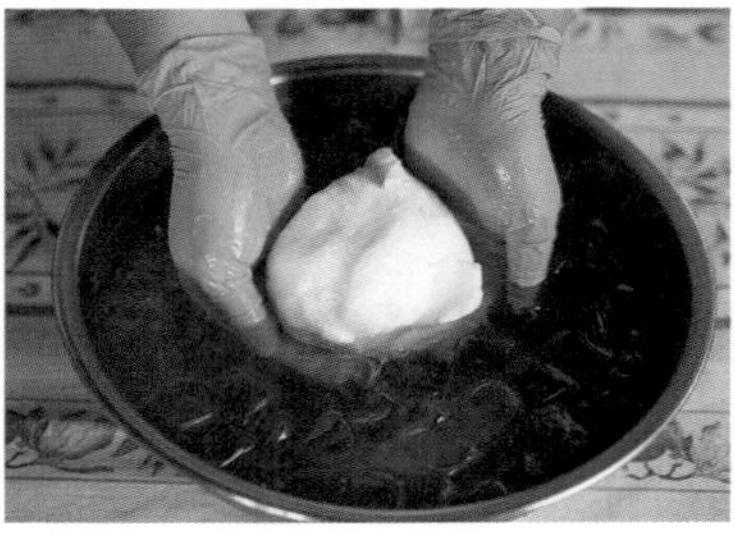

2
そのままではまだ余分なホエーが残っているので、氷水の中でホエーを押し出して形を整え、仕上げていく。

3
完成。さわやかな風味のバターに。パンやクラッカーに塗って食べるのがオススメ。

マティス可奈子さん

可奈子さんがイギリスで開いた講習会も、大好評。

宮崎で開かれた九州チーズサミットでは、講習会の助手を務めてくださいました。

イギリスからチーズ伝道師来訪！

あれは2017年の夏、私たちのチーズ工房をある女性が訪れました。

「家庭で本格的なモッツァレラチーズが作れる方法を発見して、普及している酪農家がいるらしいんですが、ご存知ですか？」

「ここがその活動の本拠地ですよ」

「ええーっ！（びっくり仰天）」

それがマティス可奈子さんとの出会いでした。可奈子さんは熊本出身で現在はイギリスのオックスフォード在住。「チーズでヨーロッパ生活をさらに楽しく！」をコンセプトに「Culture & Culture」を創設。イギリスのチーズ資格であるAcademy of Cheeseの認定トレーニングパートナーで、世界的なチーズコンクールの審査員を務めたり、チーズに関するセミナーやイベントを開催するなど、イギリスと日本を行き来しながらチーズの魅力を広めているすばらしい方だと知って、こちらもまたびっくり！なのでした。

豆腐代わりに子どもたちが作る

そんな可奈子さんは、熊本への里帰りの途中でうちの工房へ立ち寄ったそうです。早速家族で講習会を受けて「サンモッツァ」の作り方を習得し、NPOの会員となって帰国されました。

乳酸菌もレンネットも使わずに、牛乳にお酢を加えると1時間もかからずモッツァレラとストリングチーズができることに感動されたそうです。可奈子さんは、イギリスでも、現地の日本人会などでこの方法を普及されるようになりました。イギリスのスーパーには、いろんな種類の牛乳やお酢が並んでいて、ノンホモ・パス乳も手に入るそうです。

「我が家ではもうモッツァレラチーズは買いません。豆腐代わりに子どもたちが作っています」

とのこと。可奈子さんは、2019年5月に開催された「九州チーズサミットin 宮崎」では、チーズ作り講習会の助手を務めてくださいました。

世界的に活躍されているチーズのプロの目からも、ノンホモ・パス乳とお酢があれば、家庭で手軽にできるモッツァレラチーズは、とても画期的とのこと。私たちの活動に、思いがけず心強いイギリス支部ができたのです。

●Culture & Culture
https://cultureandculture.com/japanese/

第3章

チーズを使った簡単料理
～ホエーも一緒に使いましょう～

あっさりした味わいの「サンモッツァ」は、
前菜やピザはもちろん、お豆腐の代わりにも。
チーズ作りの副産物ホエーを使えば、
和洋中、料理のバリエーションが広がります。

できたてチーズでお料理を！

ノンホモ・パス乳とお酢で作った「サンモッツァ」ができたら、料理にアレンジしましょう。熟成チーズと違い、生乳の風味を生かしたフレッシュチーズは鮮度が命。できたてをできるだけ早く味わうのがポイントです。チーズをそのまま食べてもOKですし、熱で溶ける性質を生かして、ピザやグラタンなどにかけてオーブンで加熱したり、熱々のパスタなどに混ぜ合わせてもおいしくいただけます。

クセがなくあっさりしたチーズなので、そのまま生ハムで巻いたり、衣をつけてフライにしたり。手軽にアレンジが楽しめます。時には、鰹節としょうゆをかけて「お豆腐」のように味わうことも。意外にマッチしているので、「和」のメニューにも、ぜひ取り入れてみてください。

本格的なピザ窯やオーブンがなくても、フライパンひとつあれば、サンモッツァを使って生地から手軽に作れる「もっちりフライパンピザ」のレシピを、「生活クラブ」さんが考えてくださいました。作りたてのチーズの風味と一緒に、熱々のピザを味わいましょう。

モッツァレラといえばコレ！　定番中の定番

カプレーゼ

《材料／2人分》
サンモッツァ … 100g
トマト（大玉）… 1個
バジル … 適宜
オリーブオイル … 大さじ1
塩 … 少々
粗挽きこしょう … 少々

《作り方》
1 トマトは薄い輪切りにし、軽く塩をふっておく。
2 サンモッツァも、トマトと同じ大きさ、同じ数に切る。
3 トマトとサンモッツァを、交互に重なり合うように並べ盛りつける。
4 バジルを添える。
5 全体に粗挽きコショウをふり、オリーブオイルをかける。

生ハムとの相性は最高！

生ハムの前菜

《材料／５人分》

サンモッツァ … 5切（手でちぎる）
生ハム … 5枚　　ベビーリーフ … 適量
ザクロ … 適量＊　オリーブオイル … 適量

《作り方》

1 サンモッツァを手で一口大にちぎる。
2 お皿にチーズと生ハムを交互に並べる。
3 ザクロとベビーリーフをちりばめる。
4 食べる前にオリーブオイルをかける。

＊ 柿やブドウなど、季節のフルーツと合わせてもよい。

そのまま食べても揚げてもOK

生ハム巻き＆フライ

《材料／2人分》

サンモッツァ … 100ｇ
生ハム（又はベーコン）… 4〜5枚
小麦粉 … 適量
パン粉（細かいもの）… 適量
卵 … 適量　　揚げ油 … 適量
オリーブの実のペースト … 適量
塩、こしょう … 適量

《作り方・生ハム巻き》

1 サンモッツァを食べやすい大きさに切る。
2 1を生ハムで巻く。
3 2にオリーブの実のペーストを飾る。

《作り方・フライ》

4 2の全体に、塩、こしょうを軽くふる。
5 小麦粉をまぶす。
6 溶き卵につけ、パン粉をまぶす。
7 油を180℃に熱し、こんがり色づくまで揚げる。

まるでお豆腐！

サンモッツァ冷奴

サンモッツァに鰹節と柚子こしょう、しょうゆをかけて。まるでお豆腐のようなアレンジで、酒の肴に。和の素材との相性もぴったり！　工夫して楽しみましょう。

ナッツとレーズン入りパンで
オープンサンド

《材料／4食分》
サンモッツァ … 4切
ナッツとレーズン入りパン … 8枚
モルタデッラ（ハムでも可）*
トマトスライス … 4枚
レタス … 4枚

《作り方》
1 サンモッツァとトマトを薄くスライスする。
2 パンの上にレタスを敷き、モルタデッラ、トマト、サンモッツァ、パンの順に重ね、ピックなどで全体を押さえる。パンはお好みでトーストしてもよい。

＊モルタデッラはボローニア生まれの大型のソーセージ。なければハムで代用しましょう。

熱々のうちに食べるのが一番！
チーズとハムのホットサンド

《材料／1人分》
サンモッツァ … 50g
食パン … 2枚　　ハム … 2枚
マヨネーズ、塩、こしょう … 各適量
付け合わせの野菜

《作り方》
1 食パンにハムと薄切りにしたサンモッツァを重ねてのせる。
2 1の上にマヨネーズを塗り、塩、こしょうをふる。
3 2の上にさらにハムをのせ、食パンをかぶせる。
4 ホットサンドメーカーにバターを塗り、3をサンドし、表面に焼き色がつくまで焼く。

ピザ窯がなくてもOK！

もっちりフライパンピザ
（生活クラブHPより）

できたてのサンモッツァと副産物のホエー、両方使って作ります。生活クラブのみなさんが考えてくださった、オーブンがなくてもフライパンで手軽に焼けるピザです。

《材料（20cm丸×2枚分）》

〈ピザ生地〉
小麦粉（薄力タイプ）… 100g
小麦粉（強力タイプ）… 100g
ベーキングパウダー … 小さじ2
塩 … 小さじ1/4
砂糖 … 大さじ1
ホエー … 1/2カップ
オリーブオイル … 大さじ1
打ち粉（強力タイプ）… 適量

〈具材〉
トマト … 1個
サンモッツァ … 100g
トマトソース（ケチャップでも可）… 大さじ5
バジル … 適量　オリーブオイル … 適量

《作り方》

1 小麦粉とベーキングパウダーを合わせ、ふるっておく。
2 トマトはヘタを除いて縦半分の5mmにスライス。サンモッツァは厚さ5mmにカットする。
3 ボウルに1の粉、塩、砂糖を加え、ホエーを少しずつ入れて、生地がまとまるまで手でこねる。
4 3にオリーブオイルを加え、生地がなじむまで、さらにこねる。
5 4の生地にラップをして、冷蔵庫で20～30分休ませる。
6 台の上に打ち粉をして、5の生地を半分に分け、それぞれ直径20cmに伸ばす。
7 フライパンにオリーブオイルを薄く塗り、丸く伸ばした生地を入れ、トマトソース半量、トマト、サンモッツァを半量ずつのせる。
8 蓋をして、弱火で12～15分焼く。
9 蓋を外して強火で30秒焼く。
10 仕上げにオリーブオイルを回しかけ、バジルを添える。

暑い日にぴったり！

冷製パスタ

《材料／２人分》

サンモッツァ … 1個
パスタ … 160g
トマト … 中1個
バジル … 2枚

A
- オリーブオイル … 大さじ2
- レモン汁 … 大さじ1
- すりおろしニンニク … 小さじ1/2
- 塩 … 小さじ1/4
- こしょう … 少々
- 砂糖 … ひとつまみ

《作り方》

1 トマトとサンモッツァは、1.5㎝角に切る。
2 ボウルに調味料Aを入れ、混ぜ合わせる。
3 2に1を加えて和える。
4 鍋に湯を沸かし、塩（分量外）を入れ、パスタを表示時間通りに茹でる。
5 4の湯を切って、氷水でしめ、ザルで水気を切った後、ペーパータオルなどで水気を拭き取り、3に入れて和える。
6 器に盛り、バジルをトッピング。仕上げにオリーブオイル（分量外）をかける。

＊2でしっかり混ぜ、乳化させるとおいしくなります。

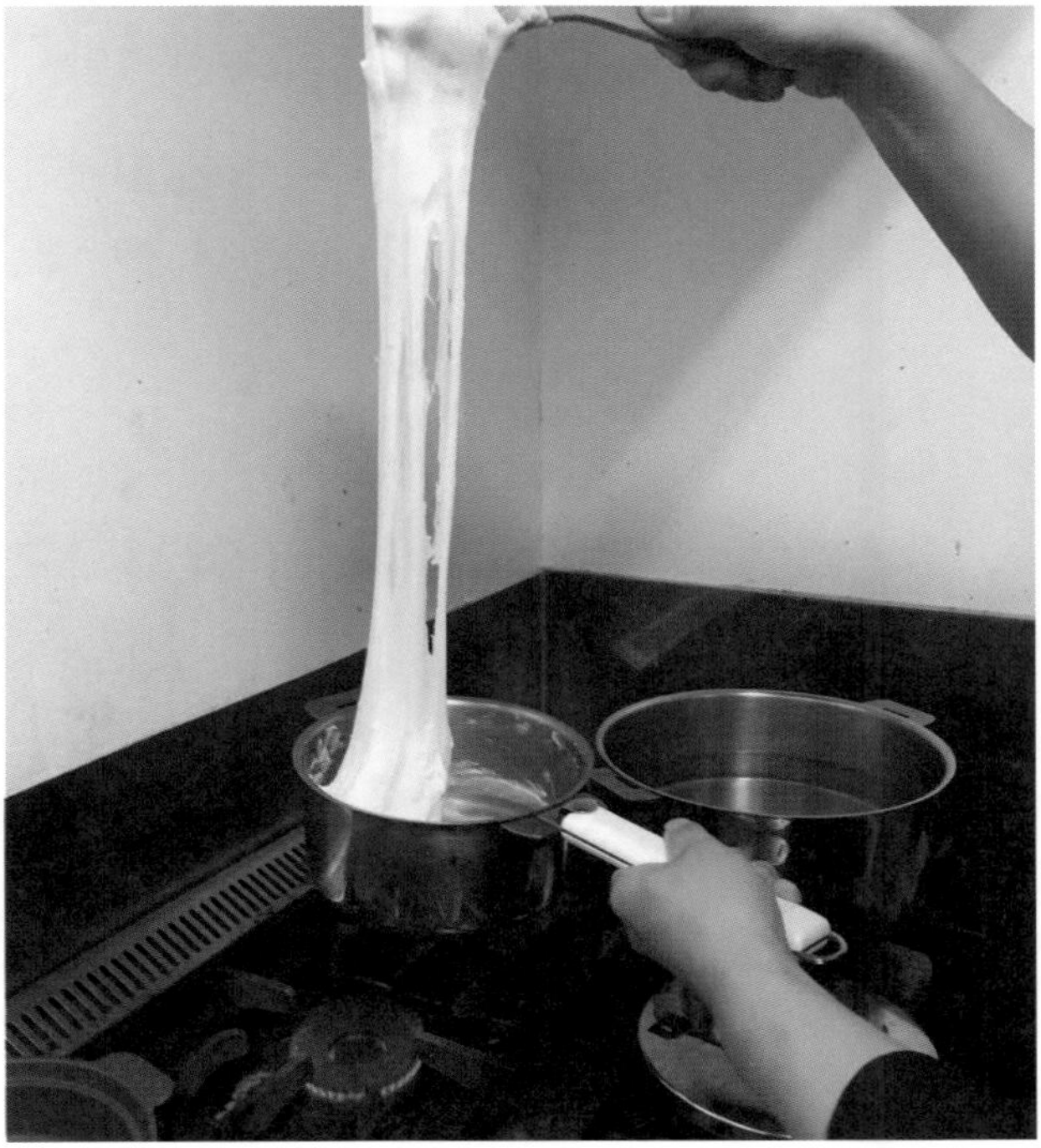

伸びるマッシュポテト

アリゴ

アリゴは、フランス中南部オーブラック地方の郷土料理。ビヨーンと伸びるマッシュポテトとして知られていて、ビールやワインのおつまみとしても人気です。

《材料》

サンモッツァ … 100g
牛乳 … 250cc
チキンコンソメ … 1個
（あれば硬質チーズ）
マッシュポテトの素 … 50g

《作り方》

1 サンモッツァをサイコロ状にカットする。
2 1と牛乳とコンソメを火にかけ煮溶かす（少しかたまりが残る程度で大丈夫）。
3 マッシュポテトの素を入れ、軽く混ぜたら蓋をして、1分蒸らす。
4 弱火で粘りが出るまで練る。

＊ チキンコンソメは、香りを補うために入れます。あればパルミジャーノ・レッジャーノなどの硬質チーズをすりおろして入れましょう。
＊ 肉料理の付け合わせに。衣をつけて揚げればフライにもなります。
＊ マッシュポテトの素（ドライのジャガイモ）を使うと失敗しませんが、生のジャガイモを使う場合は水分をよく飛ばしてください。するとよく伸びるアリゴができます。

チーズ作りの副産物＝ホエーを使おう！

ホエーとは？

そもそもチーズというのは、牛乳の成分の中の約10％を固形分として固めたもの。残りの90％には、水溶性のタンパク質や乳糖、ミネラル、ビタミン類が含まれていて、これをホエー（乳清）といいます。ちなみにヨーグルトに浮いている透明な「水」も、ホエーです。チーズを作ると必ずできる副産物＝ホエーには、乳糖をはじめ、栄養分が豊富に含まれているので、そのまま捨ててしまうのはもったいないのです。

とはいえホエーそのものは、酸っぱくてやや苦くもあり、そのまま飲んでも「おいしい」と感じる人は少ないように思います。そこでこのホエーをいかに活用するかが、チーズ作りのもうひとつの課題なのです。シチューやスープにそのまま入れてもよいですし、ドリンクやお料理にも使えます。ここでは私たちがチーズ教室を開催する中で、考案し、ご紹介してきたメニューの中から、いくつかご紹介しましょう。

2つの酸味が調和する

ホエー&イチゴスムージー

ホエーとイチゴの酸味が調和して、さわやかなスムージーに。砂糖を使わないので、とてもヘルシーです。

作りやすく飲みやすい

ホエー&甘酒

日本のお米と発酵文化の象徴である米麹と酪農の副産物ホエーが、グラスの中で出会いました。作り方はとっても簡単！　甘酒の甘味とホエーの酸味がほどよく混ざり合い、飲みやすいドリンクです。

《材料／2杯分》

ホエー … コップ1杯分
米麹の甘酒 … コップ1杯分

《作り方》

ホエーと甘酒を半量ずつ混ぜ、グラスに注ぐ。

《材料／2杯分》

ホエー … 玉じゃくし4杯分
イチゴ … 6～8粒
氷 … コップ2杯分
ミントの葉 … 2枚

《作り方》

1 ホエー、氷、イチゴを全体がほどよく混ざるまでミキサーにかける。
2 そのままグラスに注ぎ、ミントの葉を添える。

＊ イチゴの代わりにバナナを使っても、おいしくできます。

【ホエードリンクアレンジのコツ】

ホエーとフルーツジュースをブレンドしても、おいしいホエードリンクができます。甘酒は1：1で混ぜましたが、ジュースとホエーを同量で混ぜると味が薄く感じられるので、ジュースとホエーを2：1の割合でブレンドしてお試しください。

具材たっぷり。栄養満点のパスタです

栄養満点スープパスタ

《材料／4～6皿分》

タマネギ … 1/2個
ベーコン … 3枚
しめじ … 1/2パック
ブロッコリー … 1/2房
コンソメ … 2個
ホエー … 800㎖
パスタ … 100 ～ 150g
オリーブオイル … 適量
塩、こしょう … 適量

《作り方》

1 タマネギを1㎝角に切り、しめじは石づきをとってほぐす。ベーコンは幅1㎝ほどに切り、オリーブオイルでよく炒める。
2 1にホエーとコンソメを加え、沸騰させないように注意しながら、中火で5分ほど煮る。
3 パスタを半分に折り、乾麺のまま2の中へ投入する。
4 中火でパスタに火が通るまで加熱する。
5 別に茹でたブロッコリーを加える。
6 塩、こしょうを加え、味を調えて完成。

＊ パスタは乾麺のまま入れることで、とろみがつくので、茹でずに入れてOK。
＊ ホエーを沸騰させるとチーズとして回収できなかった成分が浮き出てくるので、火加減に注意。中火で沸騰させないようにするのがコツです。
＊ ブロッコリーなどの旬の野菜や、シーフードを入れると、さらにおいしくなります。

卵とホエー、野菜を混ぜて焼くだけ！

キッシュ風オムレツ

《材料／ 20㎝耐熱皿1個分》

卵 … 5個
ホエー … 250㎖
ベーコン … 2～3枚
タマネギ … 1個
ズッキーニ … 1本
しめじ … 1袋
塩 … 適量
こしょう … 適量
ピザ用チーズ … 適量

《作り方》

1 卵とホエーを合わせてよく溶きほぐし、軽く塩、こしょうを加える。
2 ベーコンは1㎝幅に切る。
3 タマネギは5㎜のくし型に切り、耐熱容器に入れ、ラップをして電子レンジで2～3分加熱する。
4 ズッキーニも5㎜幅に切り、耐熱容器に入れ、ラップをして電子レンジで2～3分加熱する。
5 しめじはほぐしておく。
6 フライパンでベーコン、タマネギ、ズッキーニを炒める。
7 タマネギが透き通ったらしめじを加え、しめじがしんなりするまで炒め、塩、こしょうを加える。
8 耐熱皿に7を入れ、1の卵+ホエー液を流し入れる。
9 上にピザ用チーズを散らし、180℃のオーブンで25分前後焼く。
（電子レンジとオーブンの同時加熱機能がついている機器では、8分前後）

＊ ズッキーニの代わりに軽く茹でたブロッコリーやホウレンソウを入れてもよいです。茹でたジャガイモやカボチャなど、具材はお好みでアレンジしてください。

ホエーには、肉をやわらかくする効果あり

グリーンカレー

《材料／2人分》

ホエー … 300mℓ
グリーンカレーペースト … 50g
ココナツミルク … 400mℓ
鶏もも肉 … 1枚
好みの野菜 … 適量
砂糖 … 少々
油 … 適量

《作り方》

1 鶏もも肉、好みの野菜を一口大に切る。
2 油を熱してグリーンカレーペーストを炒める。
3 ココナツミルクを加えて混ぜる。
4 1の鶏もも肉と野菜とホエーを加え、煮込む。
5 砂糖を加え、味を調える。

＊子どもも食べられるように、辛さをやわらげたい場合は、ホエーの量を増やすとよいでしょう。

具材たっぷり！
ホエーの甘味が生きています

ホエーの中華おこわ

《材料／4人分》
ホエー … 500mℓ
もち米 … 4カップ
うるち米 … 1カップ
ごま油 … 少々
鶏もも肉 … 1枚
シイタケ … 5枚
ニンジン … 1/2本

A
- ガラスープ … 小さじ4
- しょうゆ … 大さじ3
- 塩 … 小さじ1

《作り方》
1 もち米とうるち米を洗い、ひと晩水に浸けておく。
2 1をザルに上げて水を切り、ごま油で炒める。
3 油が回ったら、食べやすい大きさに切った鶏もも肉、シイタケ、ニンジンを入れ、ホエーとAを加えて、汁気がなくなるまで炒める。
4 3を蒸し布で包み、蒸し器に移して20分蒸したら完成。

酸っぱいスープがおいしい

酸辣湯《サンラータン》（麺）

ホエーで中華料理の酸辣湯!? というのは、オドロキの組み合わせでしたが、このレシピは私たちの「スローライフミルクネット」の設立間もない2011年9月に、顧問としてご協力いただいている、料理研究家・Sweet Table主宰の福島朝羽先生に教えていただいたものです。チーズ講習会の後に、みんなで試食しました。手早く簡単にできて、酸味とうまみが効いてさっぱり！　参加者に大好評でした。

《材料／4人分》

豚肉（スライス）… 80g
キクラゲ（またはしめじ）… 適量
具材（シイタケ、モヤシ、タケノコ、ニンジンなど、あるもので）… 適量
豆腐 … 1/2丁　　卵 … 1個

ホエー … 1000mℓ
鶏がらスープの素（顆粒）… 大さじ1
粗挽きこしょう … 小さじ1/2
薄口しょうゆ … 大さじ2
塩 … 小さじ1/2

ラー油 … 小さじ1/2
ごま油 … 小さじ1
水溶き片栗粉 … 適量

《作り方》

1 豚肉、キクラゲなど、好みの具材をせん切りにする。
2 鍋にごま油を熱し、1の具材（豆腐と卵以外）を順に炒める。
3 2にホエー、スープの素、粗挽きコショウ、薄口しょうゆ、塩を入れ、煮立たせる。
4 沸騰したら、さいの目に切った豆腐を加え、再び沸騰したら、溶き卵を回し入れる。
5 最後にラー油を入れ、水溶き片栗粉を加え、とろみをつける。

＊辛さや味付けはお好みで。中華麺を別茹でして「酸辣湯麺」にしたり、鍋のスープにしてもよい。

トマトリゾット

《材料／4人分》

米 … 2合　　ホエー … 2ℓ
タマネギ … 1個　　ニンニク … 2片
鷹の爪 … 1/2本　　トマト（中）… 2個

固形スープの素 … 2個
オリーブオイル … 大さじ2
塩 … 少々

バジル（またはパセリ）… 少々
粉チーズ … 少々

《作り方》

1 タマネギはみじん切りに。トマトはさいの目に切る。鷹の爪は種を抜いて刻む。
2 鍋にホエーと固形スープの素を入れ、温めておく。
3 フライパンにオリーブオイル、タマネギ、ニンニク（刻まず使用）、鷹の爪を入れ、中火で炒める。
4 タマネギに火が通ったら、米を洗わずに入れ、そのまま炒める。
5 米にオリーブオイルが回ったら、トマトと2のスープを2カップ加え、鍋底が焦げないように時々混ぜながら水分を吸わせる。これを繰り返し、15 ～ 20分かけて好みの固さまで煮る（少し芯が残る程度、アルデンテがよい）。塩を加え、味を整える。
6 器に盛り、粉チーズをふり、バジル（またはパセリ）を飾る。

*食べる時に生クリームをかけてもよい。

ほどよい酸味が食欲をそそる

つゆだく中華そうめん

《材料／4人分》

A
- ホエー … 500mℓ
- しょうゆ … 100mℓ
- 砂糖 … 大さじ4～5
- ごま油 … 大さじ1
- 鶏がらスープの素（なくても可）… 小さじ1

そうめん … 4人分
キュウリ … 適量
卵（茹で卵もしくは錦糸卵）… 適量
ハムなど好みの具 … 適量

《作り方》

1 たれの材料Aを、よく混ぜ合わせる。
2 そうめんを茹で、キュウリとハムはせん切りに。茹で卵の場合は半分に、錦糸卵は細く切る。
3 器にそうめんと具を彩りよく盛り、1のたれをたっぷり注ぐ。

＊好みでからし、ラー油、柚子こしょうなどの香辛料を添える。
＊具はお好みで。ワカメやオクラ、トマトなども合う。すりゴマをかけてもよい。

さっぱりした味わいのデザートにも

晩柑かん

《材料／ 17×23㎝のバット1枚分》

ホエー … 450mℓ（晩柑をむく時に出た果汁と合わせて500mℓに）
河内晩柑 … 2個
砂糖 … 50g
はちみつ … 大さじ1
粉寒天 … 小さじ2（4g）

《作り方》

1 晩柑は薄皮をむき、実だけにする。この時に出た果汁とホエーを合わせ、500mℓ用意する。
2 鍋にホエー（+果汁）と、粉寒天を入れ、混ぜながら沸騰させる（寒天は沸騰しないと固まらない）。
3 火を止め、砂糖とはちみつを加えて溶かす。
4 3に晩柑の実を加えて軽く混ぜ、型に流す。
5 粗熱が取れたら、冷蔵庫で冷やす。
6 固まったら、切り分けて器に盛る。

新たな広がり

理系の先生や食品科学科の生徒も

うちのカフェを、宮崎県の五ヶ瀬町にある中高一貫校の物理の先生が訪ねてきました。

「宮崎県の物理や化学の先生が集まる勉強会で、作り方を教えてほしい」

最初は山都町の工房で、２回目は延岡高校で講習会を開きました。理系の先生の集まりということもあり、午前中に超高温殺菌牛乳でカッテージチーズ作り、午後にサンモッツァ作りを体験。カッテージをお湯の中で練ってみましたがまとまらず、その違いを熱心に学ばれていました。

サンモッツァの作り方を紹介した月刊誌『現代農業』の記事を見た、千葉県の大網高校の先生は、食品科学科の生徒たちと「サンモッツァ」作りを体験したとのこと。この高校には農業科があり、校内で飼育している乳牛の生乳を使ったようです。熊本から遠く離れた千葉県で、高校生が学んでいると知り、本当に嬉しく思いました。

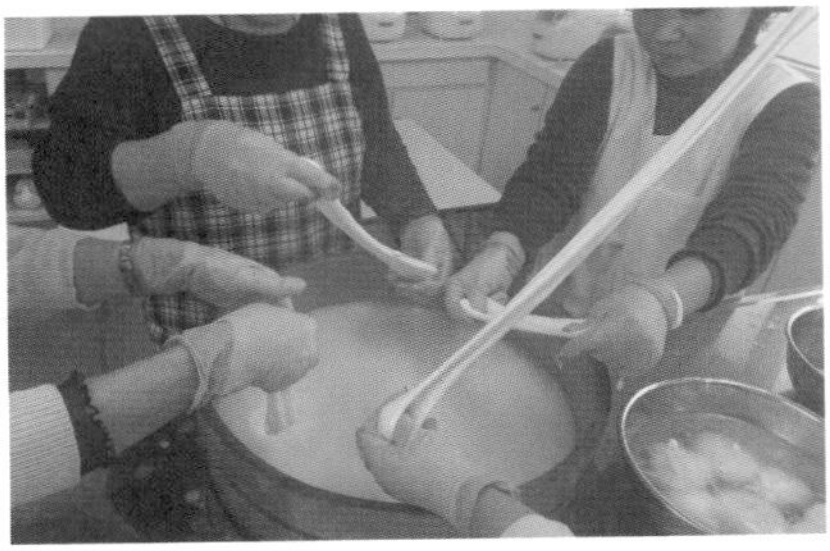

宮崎県延岡高校では、理系の先生がチーズ作りを体験。

千葉県大網高校では、食品科学科の生徒たちが自校の牛乳でチーズ作り。

インドのシンさんファミリーも

中古車や農業機械を輸出しているインド出身のシンさんファミリーも、うちの工房でチーズ作りを体験しました。シンさんによると、インドはアメリカに続いて牛乳生産量世界第２位。その84％が自家消費なのだとか。チャイやバターオイルのギー、牛乳と豆のお菓子、牛乳を煮詰めたものなど、暮らしの中にたくさん牛乳料理があるそうです。

「このレシピはすごいよ！」とシンさん。奥様からナンの一種「バトゥーラ」の作り方を教えていただきました。ふだんはヨーグルトを加えてこねるそうですが、今回はホエーを入れてこね、ひと晩寝かせて油で揚げるとプク～ッと膨らみました。チーズ作りを介した思わぬ文化交流でした。

インドのシンさんファミリー。インドの牛乳の文化も学びました。

第4章

簡単モッツァレラチーズができる訳
～チーズの歴史と科学～

そもそも生乳にお酢を加えるだけで
白く弾力のある「サンモッツァ」が生まれるのはなぜでしょう?
チーズの歴史と科学に迫ります。

チーズの始まり

液体の牛乳は、そのまま放置すると雑菌が入って繁殖して腐敗してしまいます。人間はせっかく母牛が子牛のために分泌するミルクをおすそ分けしていただいているのに、余ったらそのまま捨ててしまうのはもったいない。牛乳をなんとか保存できる形で残せないだろうか。それは酪農家みんなの願いでもあります。

乳製品の中で最も保存性の高いチーズが生まれた背景には、家畜とともに暮らしてきた人たちの知恵と食文化の積み重ねがあるのです。では、チーズはどうやって生まれたのでしょう?

チーズは「人類が作った最古の食品」といわれていますが、最初のチーズがいつどのように作られたのか、定かではありません。たしかなのは、野生動物を飼い慣らして家畜化し、その乳を食すようになってから。その始まりは紀元前6000年頃といわれています。それと同じ時期、日本は縄文時代前期。まだ稲作が伝わる前で、狩猟や採取生活を送っていた頃ですね。

土器に入れた家畜の乳が、偶然乳酸発酵を起こして固まり始めた時、これを発見した人間が、かき混ぜて白いかたまり(カード)と液体(ホエー)に分離。かたまりを濾し取って食したのがチーズ誕生の瞬間だったと考えられています。

信州大学名誉教授の大谷元先生によると、人類で最初にチーズを作り始めたのは、西アジアの人たち。そこにはアラビア商人とチーズにまつわるこんな民話が残されているそうです(『現代チーズ学』)。

「アラビアの商人が乾燥したヒツジの胃袋で作った水筒にヤギ乳を入れてラクダに乗って砂漠を横断する旅に出かけました。1日の旅を終えて、ヤギ乳を飲もうとすると、ヤギ乳は透明な液体と白い柔らかいかたまりになっていました。旅商人は透明な液体により喉の渇きが潤され、白い柔らかいかたまりにより飢えが満たされました」

胃袋に乳を入れて旅をするうち、胃袋の内側から「レンネット」という酵素(後述)が溶け出して太陽熱で乳が温められて乳が固まり、ラクダが動く振動に揺られてカードとホエーに分かれたのだと思われます。つまり、酵素と温度と振動。チーズ作りに必要な条件が揃っていたようです。

しかし、この民話は作り話で、実際には偶然死亡した乳飲み子牛の胃内に白いかたまりを見つけたことがチーズの発

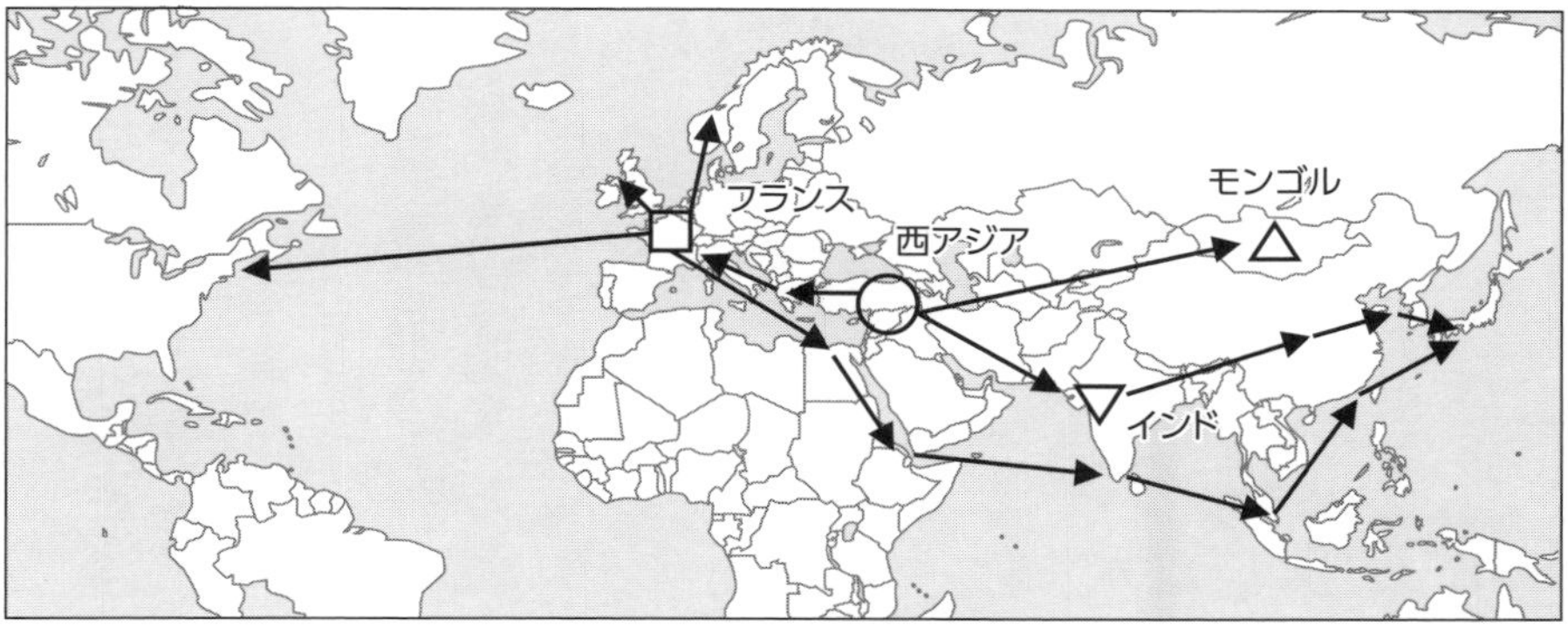

図4－1　牛乳を利用する文化の流れ

○：凝乳酵素型チーズ文化の発祥地
□：凝乳酵素型チーズ文化の熟成地
△：加熱型チーズ文化の発祥地
▽：加熱および植物性凝乳酵素型チーズ文化の発祥地

明につながったようです。このように酵素を使った保存性の高いチーズは、家畜と暮らす人たちの生活の中で、偶然見つかったものと考えられます。

3つの経路で世界へ

もともと液体として存在している家畜の乳から水分を抜いて凝乳させ、いかに持ち歩きに便利な形にして、保存性を高めるか。そしておいしく味わえるか。それを追究してきたのが、人類のチーズの歴史です。

それでは、世界のチーズ事情を見てみましょう。西アジアで生まれたチーズ文化は、その後3つの経路で広がっていきました。一つは北東のモンゴルへ。二つ目はインドやチベットへ。三つ目は、西のギリシャを経て、イタリアをはじめとするヨーロッパ諸国へ伝わりました［図4－1］。

モンゴルで家畜と暮らす遊牧民の間では、現在もヤギやヒツジの乳から「アーロール（内モンゴルではホロート）」と呼ばれるチーズが作られています。その製法は、乳を大きな鍋に入れて加熱し、お玉で何度もすくい上げ鍋に落として、表面にできた脂肪層をすくい取ります。

こうしてできた脱脂乳に、代々受け継いできたヨーグルトの種菌を加えて乳酸発酵。これを火にかけてゆっくり水分を飛ばし、ホエーを布で濾しとればでき上がり。さらに薄く切ったり、木型に入れて乾燥させて、保存性を高めます。実際に食べたことのある人によると、かなり酸っぱいそうです。

インドには、「パニール」というチーズがあります。まず牛乳を乳酸発酵させてヨーグルト状のものを作ります。これを攪拌してバターを取り出し、残りをしっかり加熱して凝固させたもの。さらに塩をしたり、乾燥させたりして保存性を高めます。牛を神聖視するインドでは、子牛を殺して胃袋からレンネットを取り出すことはしません。そこでイチジクの「フィシン」、パパイヤの「パパイン」、パイナップルの「ブロメリン」など、植物由来の酵素を使って、牛乳を凝固させるチーズも存在しているそうです。

こうしてみると、チーズにはさまざまな固まり方があるのですね。乳のタンパク質を固めて、ホエーを取り除いた状態をそのまま味わうのが「フレッシュチーズ」。さらに乳酸菌や酵素、カビのはたらきによって乳のタンパク質や脂肪などを分解して熟成。時間をかけて発酵を促し、さまざまな風味や香りを作り出すのが「熟成チーズ」です。

ヨーロッパ型のチーズたち

そしてギリシャを経てイタリアを始めとするヨーロッパ諸国へ。レンネットに代表される家畜由来の凝乳酵素を用いて多くのチーズが生まれました。

では、何度も登場する「レンネット」とは、何でしょう？

生後間もない子牛が飲んだ乳は、第1胃から第3胃を消化されずに通過して、第4胃にたどり着きます。そしてこの第4胃から分泌されるのがレンネット。「キモシン」という酵素が主成分で、乳を凝固させるはたらきがあり、2～4gで100ℓの牛乳を固める力があります。

まだ消化器官が未成熟の子牛は、液体の乳を飲んでも短時間で小腸を通過してしまうので、十分に栄養を吸収することができません。そこで、第4胃から分泌されるキモシンで固めて、ここに滞在する時間を延長することで、栄養吸収を高める効果があるのです。4つの胃を持つ牛の神秘ですね。チーズ作りは、生まれたての子牛が母乳を飲んだ時に胃の中で起きている凝乳現象をそのまま再現して、さらに熟成させ、貯蔵性を高めたもの。その後ヨーロッパ諸国では、この原理を応用して、さまざまなスタイルのチーズが誕生します。

西アジアで生まれたチーズ作りは、トルコを経て、ギリシャへ。紀元前１５００～１０００年には、ヒツジあるいはヤギの乳（羊乳）を原料とした「フェタチーズ」が作られていました。小さな穴がたくさん空いたフレッシュチーズで、ボロボロとした木綿豆腐のよう。古代ギリシャの時代とほとんど変わらぬ姿で、現在も作られています。

ギリシャのチーズ作りの技は、ローマ帝国の勢力拡大とともにイタリアへ。９世紀にはあの独特な匂いが特徴のブルーチーズ「ゴルゴンゾーラ」、同時期に超硬質チーズの「パルミジャーノ・レッジャーノ」などが生まれました。その後、チーズ作りはローマ軍が駐留したヨーロッパ各地に広がっていきます。

スイスでは、大きな穴が特徴で、チーズフォンデュに使われる「エメンタール」が生まれます。

続いてオランダでは赤いワックスでコーティングされた「エダム」、プロセスチーズの原料として日本人にも愛されている「ゴーダ」などが生まれ、イギリスを代表するチーズとして、北米や豪州にも広がった、ハードタイプの「チェダー」があります。

そしてフランスでは、日本でも馴染みの深い羊乳のブルーチーズ「ロックフォール」、白カビの「カマンベール」をはじめ、４００種以上のチーズが作られています。現在私たちが食べているチーズの製法のほとんどが19世紀までに確立されました。

今や世界のチーズ作りでは、子牛の胃から取り出したレンネットは貴重品となり、東京大学の有馬啓博士が１９６２（昭和37）年に発見した糸状菌から作られた「微生物由来レンネット」、イチジクやパパイヤなどの植物からタンパク質分解酵素を取り出した「植物レンネット」、遺伝子工学の手法で作られた「発酵生産レンネット」（別名「遺伝子組み替えレンネット」）などが登場。動物愛護や苦味抑制の観点から、子牛レンネットを使って製造するメーカーは世界的に減少しています。

日本のチーズ作りは戦後から

一方、日本のチーズの歴史はまだとても浅いものです。

6世紀、大和朝廷が百済から献上された、乳製品の「酥《そ》」「酪《らく》」や、江戸時代には8代将軍吉宗が酪農を始めたなどの記録が残されていますが、これはごく限られた権力者の世界の話。長い間、庶民が牛乳や乳製品を味わう機会は、めったになかったと思われます。

牛を飼育して一緒に暮らしていても、その乳を利用する機会はなく、もっぱら農地を耕す役畜として飼われていました。

日本でチーズ作りが始まったのは、明治維新後ですが、チーズの製造が本格化したのは、戦後になってから。中東やモンゴル、ヨーロッパの牧畜の歴史に比べれば、まだまだひよっこ。本当にまだ始まったばかりといえるでしょう。日本の酪農家は、当初から原料の供給に徹していて、チーズの製造販売は、雪印、明治、森永など、全国ブランドの乳業メーカーが中心でした。

それでもわずかにチーズ作りのようなこともしていました。酪農家は出産して間もない母牛が分泌する「初乳」を出荷することはできません。これに酢を加えて凝固させた「初乳豆腐」は、酪農家だけが味わえるひそかな楽しみだったのです。

私たちが偶然見つけた、レンネットを使わず、食酢を利用したモッツァレラ型のチーズ作りは、アジア型の酸乳チーズの一種といえるのかもしれません。

酪農家を中心に、国産のナチュラルチーズブームが起きたのは、１９８０年代以降のこと。酪農家の多い北海道や九州を中心に、本格的なチーズ作りに取り組んで、すばらしいチーズを作り出す人たちも現れました。でもやはり、レンネットを使ったチーズ作りには職人技が必要です。

日本のチーズは、明治期以降に私たちの先人たちが学んだヨーロッパ型の製法がベースになっていて、生乳を凝固させるレンネットと、衛生管理の行き届いた施設が必要です。長い長い時間をかけて、牛飼いや遊牧民、その奥さんたちが、暮らしの中で醸成してきた食文化とはかなり異なる歴史と経緯を辿っているので、酪農家の間でも「うちの牛乳でチーズを作ろう」という発想がなかなか生まれなかったのも事実。ましてや一般家庭で作ろうという人は皆無だったでしょう。でもこうして酪農やチーズの歴史を丁寧に紐解いていくと、家庭でチーズ作りを楽しむことは、決して夢ではないのです。

チーズが固まるのはなぜか？

家庭のチーズ作りを楽しむためにも、今一度、チーズの固まり方についておさらいしましょう。

チーズやヨーグルトを作る時、液体の牛乳が固体に固まる現象を「凝乳」といいます。そこにはどんなメカニズムがはたらいているのでしょう？

・酸のはたらきで凝固

ミルクティーに、誤ってレモン汁を垂らしたら、みるみるうちに固まってしまった。そんな経験はありませんか？

搾りたての牛乳は、pH6・5〜6・7。ほぼ中性です。ところが乳タンパク質の主成分であるカゼインタンパク質に酸性の物質を加えて、pHが4・6付近の酸性になると、「等電点沈殿」といって凝固し始めます。

家畜の乳には、乳糖という糖分が含まれていて、乳酸菌は、これを栄養源として増殖し、多量の乳酸を生成。強い酸性状態を作ります。また、ミルクにはカルシウムやリンなどが結合したカゼインタンパク質が2〜3％含まれていて、このカゼイン分子はいくつも集まって1万分の1㎜ほどの微粒子となって、乳中に浮かんでいます。専門家の間では、これを「カゼインミセル」と呼んでいます。ちなみに牛乳が白く濁って見えるのは、無数のカゼイン粒子が光に当たり、乱反射しているからです。

このカゼイン粒子に乳酸が作用すると、カゼインに結合していているカルシウムが遊離してしまいます。すると、これらのカゼイン粒子はそれまでの構造を維持できなくなって、お互いが寄り集まり、互いにくっつきあってかたまりができます。

ヨーグルトは、乳酸菌のはたらきで乳酸が生まれたことでpHが5以下になり、カゼインが凝固してできるのです。

そしてまた、牛乳にレモンや食酢など、強い酸性の成分を加えても、同じ原理で固まるのです。

・酵素による凝固

ミルクの中に浮かんでいる粒子状のカゼインミセルに、レンネットなどの凝乳酵素を加えると、タンパク質を構成する105番目のアミノ酸であるフェニルアラニンと、106番目のメチオニンの結合が切断されます。すると、粒子状の構造が崩れ浮遊力が失われます。それを引き金に構造の変化した無数のカゼイン粒子がどんどん集まり巨大化。牛乳内の脂肪球や水分を抱え込みながら凝集沈殿するのです。

・熱による凝固

牛乳を加熱すると表面に膜が張りますが、これは熱変性によりタンパク質が固まったもの。ホエーを再加熱して作るリコッタチーズは、この性質を利用して作られています。

フレッシュチーズの仲間たち

さて、チーズには生乳の風味を生かし、できたてを味わう「フレッシュチーズ」と、時間をかけて熟成させる「熟成チーズ」があります。私たちが作っている「サンモッツァ」はフレッシュチーズの一種。生乳を凝固させ、ホエーを分離してカードを取り出して加工します。このフレッシュチーズにもまた、酸と酵素を利用したものがあります。熟成チーズよりも賞味期限が短い代わりに、生乳の風味がストレートに伝わるのが特徴です。その仲間たちを紹介しましょう。

カッテージ

代表的なフレッシュチーズ。脱脂乳を温め、乳酸菌を加えた後にレンネットを加え、カゼインが凝固したカードをカッティング。さらに加熱して、カード粒を水洗いしたもの。クセのない軽やかな味わいです。低カロリーなので、ヘルシー志向の料理や、ダイエット中のカロリーコントロール向けのチーズとしても人気です。

クリームチーズ

乳を加熱殺菌し、脂肪調整したクリームに乳酸菌を加えて凝固したカードから、ホエーを除去して作られます。なめらかさを出すために圧力を加え、均質化を行なうことも。チーズケーキをはじめ、洋菓子の材料としても親しまれています。

フェタ

ヒツジやヤギの放牧が盛んなギリシャで生まれた羊乳のチーズ。古代ギリシャの時代から作られています。温めたミルクに乳酸菌とレンネットを加えて固め、型に入れ水分を抜きます。その後、塩水の中に2カ月置き、2～5℃で保存します。小さな孔があり、ポロポロとした木綿豆腐のような感触が特徴です。

フロマージュ・ブラン

フランス語で「白いチーズ」を意味するその名の通り、真っ白な色とクリーミーな食感が特徴。温めたミルクに乳酸菌、場合により少量のレンネットを加え凝固させ、布袋や型に入れ水分を抜いて作ります。酸味はヨーグルトよりやさしく、生クリームよりあっさりしているので、フランスでは離乳食にも使われています。

マスカルポーネ

イタリア生まれのデザート、ティラミスの材料として知られています。生クリームを加熱して、クエン酸もしくは酢酸を加えて固め、布で濾過して水分を除き、型に詰めます。クリームチーズより酸味が少なく、フロマージュ・ブランより脂肪分が多いので、コクがあります。

リコッタ

名前のリコッタは「二度煮る」という意味で、チーズ製造時に出たホエーを加熱して固めます。牛乳を沸かすと表面に膜が張りますが、このタンパク質が熱変性によって固

Ⓐ 一般的な直酸法によるモッツァレラの製法

低温殺菌牛乳
↓
加温　**35〜37℃**
↓
クエン酸添加
↓
レンネット添加
↓
カード生成
↓
カードをすくいとり、ホエー削除
↓
混練　60℃以上
↓
成型
↓
冷却

Ⓑ レンネットを使わない直酸法によるモッツァレラの製法

低温殺菌・**ノンホモ**牛乳
↓
加温　**63〜65℃**
↓
穀物酢添加
↓
カード生成
↓
カードをすくいとり、ホエー削除
↓
混練　60℃以上
↓
成型
↓
冷却

図4－2　直酸法によるモッツァレラの製造工程

まる性質を利用したもので、低脂肪でさっぱりした味わいがあります。イタリアを中心に、牛、水牛、ヤギの乳で作られています。

モッツァレラ

私たちが製造している「サンモッツァ」のお手本となった、イタリア生まれのチーズ。「モッツァレラ」とは、「ちぎる」を意味しています。カードに熱湯を注いで練り上げ、引きちぎって成型する「パスタフィラータ」製法で作られます

原産はイタリア南西部のカンパーニャ州で、水牛の乳から作られました。現在は牛乳で作るものが多く、世界中で作られていますが、近年は、日本でも水牛の乳で製造する酪農家が現れています。

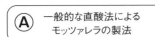

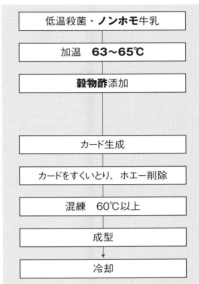

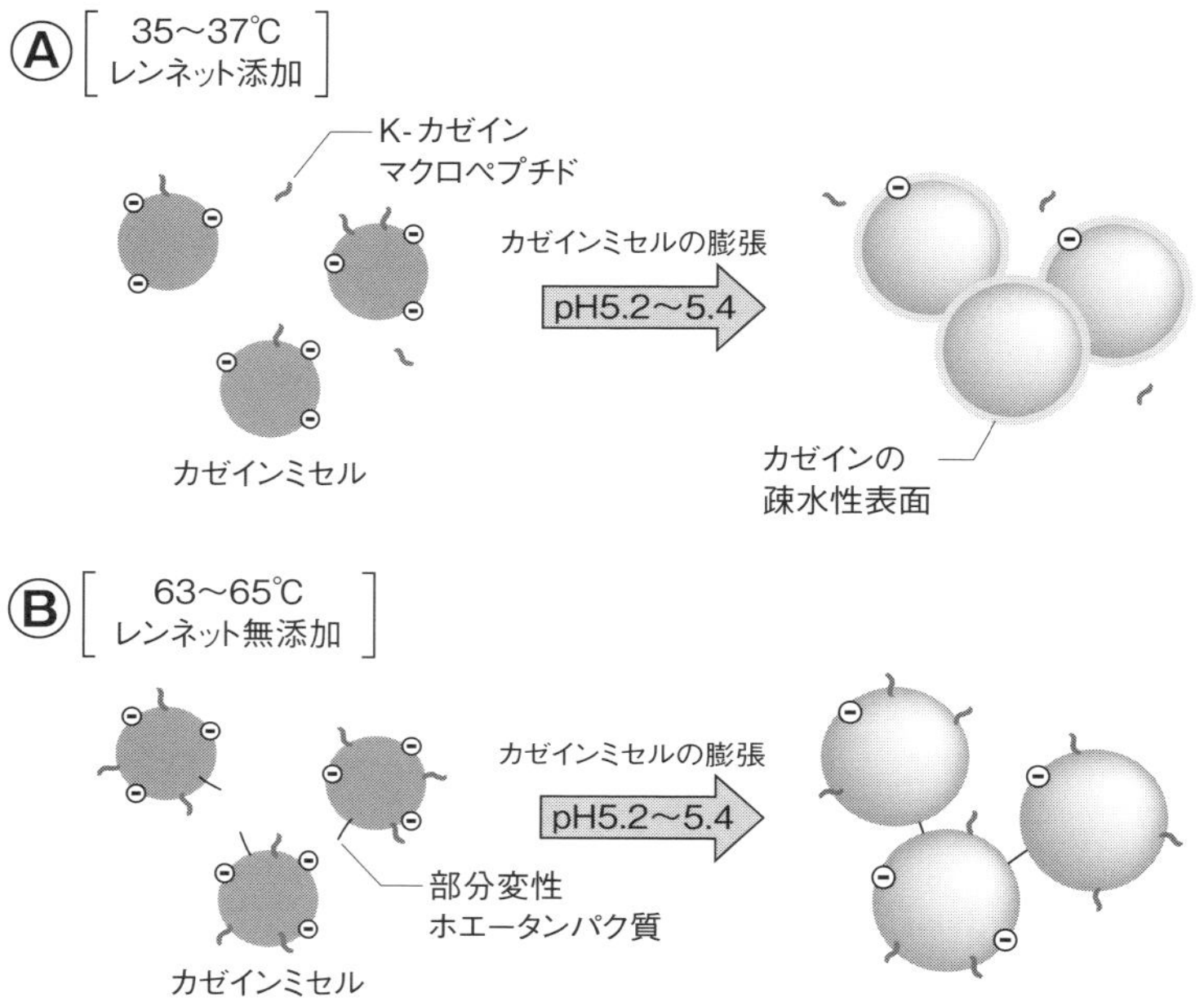

**図4－3　35 〜 37℃に加温後、pHを5.2 〜 5.4にした場合と
63 〜 65℃に加温後、pHを5.2 〜 5.4にした場合**（想像図）

レンネットなしでつながるカゼイン

これまでチーズの歴史を大慌てでさかのぼりながら、その製法について学んできました。NPO法人チーズプロフェッショナル協会（C.P.A.）の堂迫俊一氏によれば、私たちのように、レンネットを使わず、直接酸を添加してノンホモ牛乳でチーズを作るやり方は、学術的には「直接酸性化法」、略して「直酸法」と呼ぶそうです。

レンネットを使う一般的な直酸法によるモッツァレラⒶと、私たちのようにレンネットを使わずに製造するやり方Ⓑを比べてみましょう［図4-2］。

Ⓐ／レンネットが動きやすい35〜37℃に加熱し、クエン酸を添加してからレンネットを加えます。この場合、低温殺菌牛乳であることは必要ですが、ノンホモ牛乳でなくても、凝固します。

Ⓑ／レンネットを使わず酢のみで凝固させる場合は、牛乳を63〜65℃まで加熱します。続いて酸を加えてpHを下げますが、この時は果実酢ではなく、穀物酢が適しています。またノンホモ牛乳で

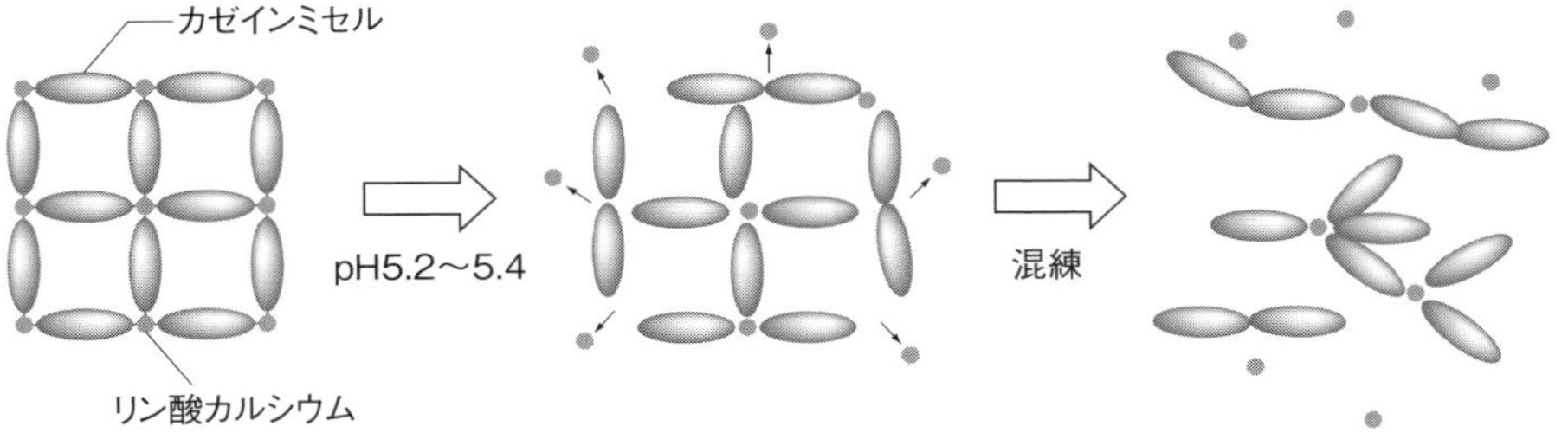

図4－4　pH5.2～5.4にするとリン酸カルシウムの多くがはずれ、カゼインの構造が変化する（イメージ図）

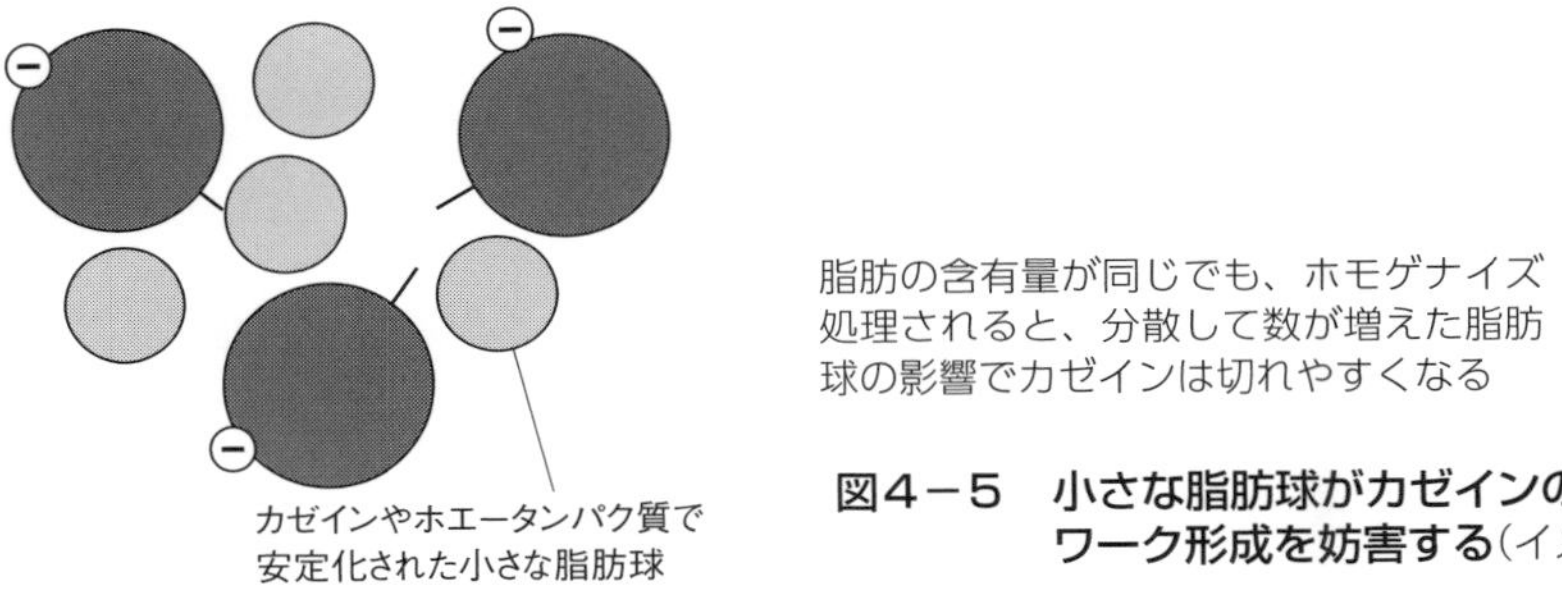

図4－5　小さな脂肪球がカゼインのネットワーク形成を妨害する（イメージ図）

なければ、うまく固まりません。

なぜ、レンネットを加えなくてもカードが生成されるのか？　その理由はまだわかっていないそうです。

ただ、堂迫氏の考察によると、低温殺菌牛乳を65℃に加熱すると、ホエーに含まれるタンパク質の一部が少し変性し、カゼインミセルの表面に結合しはじめます。酸を加えたことでpHが5・2～5・4となると、カゼインミセルが膨らみます。さらにマイナス電荷が減り、電気的反発が減ります。こうしてカゼインミセルにくっついたホエータンパク質が互いに凝集。これを介してカゼインミセルがつながり出すと考えられます［図4－3］。

さらにpHが5・2～5・4になると、カゼインミセルの構造を支えているリン酸カルシウムが外れ出します。すると全体の構造がゆるやかになり、温湯中で混練すると力がかかった方向に伸びていきます［図4－4］。

pHとはずれるリン酸カルシウムの関係は、使用する酸の種類によって若干異なります。主として酢酸が主成分の穀物酢や乳酸が主成分の乳酸菌は、カルシウムとの結合は弱いのですが、クエン酸やリンゴ酸を含む果実酢の場合は、カルシウムと結合する力が強いので、カルシウムのはずれ方が微妙に異なり、カードの性質が異なって、うまくチーズが作れない可能性があります。

酢で固まるチーズの謎

レンネットを使わずにチーズを作る場合、なぜノンホモ牛乳でなければならないのか。これについても詳しい理由はわかっていません。

　牛乳の脂肪が浮上してくるのを防ぐために、牛乳に含まれる脂肪球を均質化する処理（ホモゲナイズ）をしますが、ホモゲナイズをかけると、脂肪球は小さくなり、無数に分散するようになります。小さな脂肪球の表面には、カゼインやホエータンパク質が吸着して、脂肪球を安定化（乳化）します。小さな脂肪球は、ホエータンパク質が結合したカゼインの間に入り込んで、カゼインが固まるのを妨げるのではないか……。そんなことが推測できるそうです［図4-5］。

　私たち酪農家もチーズの専門家も、長い間「レンネットがなければ、おいしいチーズはできないのでは？」と思い込んでいました。けれども日本の歴史の中には、日本酒や味噌、穀物酢などの発酵文化が脈々と受け継がれています。牛乳と日本の醸造酢がめぐり会い、新しいチーズが生まれました。ぜひみなさんも作ってみてください。そしてまたなぜレンネットがなくても固まるのか。高温殺菌乳やホモゲナイズされた牛乳ではできないのか――。そんな「チーズの謎」も解明していただきたいと思います。

郵 便 は が き

おそれいります
が切手をはって
お出し下さい

1 0 7 8 6 6 8

（受取人）
東京都港区
赤坂郵便局
私書箱第十五号

農 文 協
http://www.ruralnet.or.jp/
読者カード係 行

◎ このカードは当会の今後の刊行計画及び、新刊等の案内に役だたせていただきたいと思います。　　はじめての方は○印を（　　）

ご住所	（〒　　－　　） TEL： FAX：	
お名前	男・女　　歳	
E-mail：		
ご職業	公務員・会社員・自営業・自由業・主婦・農漁業・教職員（大学・短大・高校・中学・小学・他）研究生・学生・団体職員・その他（　　）	
お勤め先・学校名	日頃ご覧の新聞・雑誌名	

※この葉書にお書きいただいた個人情報は、新刊案内や見本誌送付、ご注文品の配送、確認等の連絡のために使用し、その目的以外での利用はいたしません。

● ご感想をインターネット等で紹介させていただく場合がございます。ご了承下さい。
● 送料無料・農文協以外の書籍も注文できる会員制通販書店「田舎の本屋さん」入会募集中！
案内進呈します。　希望□

■毎月抽選で10名様に見本誌を１冊進呈■（ご希望の雑誌名ひとつに○を）

①現代農業　②季刊 地 域　③うかたま

お客様コード □□□□□□□□□□

17.12

お買上げの本

■ ご購入いただいた書店（　　　　　　　　　　　　　　　書 店）

●本書についてご感想など

●今後の出版物についてのご希望など

この本をお求めの動機	広告を見て（紙・誌名）	書店で見て	書評を見て（紙・誌名）	インターネットを見て	知人・先生のすすめで	図書館で見て

◇ 新規注文書 ◇　　郵送ご希望の場合、送料をご負担いただきます。

購入希望の図書がありましたら、下記へご記入下さい。お支払いはCVS・郵便振替でお願いします。

(書名)　　　　　　(定価) ¥　　　　　(部数)　　部

(書名)　　　　　　(定価) ¥　　　　　(部数)　　部

460

第5章

ノンホモ・パス乳を当たり前に

〜「NPO法人スローライフミルクネット」の始まり〜

「サンモッツァ」作りに欠かせないノンホモ・パス乳が、
いつでもどこでも手に入るように。それは私たち酪農家の願いです。

酪農と乳業は車の両輪

日本の酪農が本格的になったのは、戦後の復興期でした。めざましい勢いで食料増産が進み、牛乳の生産量が急激に増えれば、問題になるのは余乳です。牛乳は生ものです。当時は乳業会社の施設もまだ充実していませんでしたから、余乳が出れば廃棄するしかありませんでした。でもそれでは酪農経営は安定しないのです。

北海道で生まれ育った私は、幼い頃、父に連れられバターで知られた釧路のクロバー乳業の工場で、巨大な粉乳のサイロを覗いたことがあります。あの甘いミルクの香りは、家にいることの少なかった父との数少ない思い出です。

父は戦後、復員した弟たちと3人で兄弟牧場を始めました。新しく建てたキング式牛舎の赤い屋根に「榊原牧場」の大きな白地の牧場名がシンボルでした。釧路管内でも1、2番の乳量を生産するまでになっていたので、私も中学生の頃には手搾りで朝夕、1頭の搾乳を割り当てられていました。

1952（昭和27）年、父は35歳でクロバー乳業の役員になりました。その後、クロバー乳業は雪印乳業に吸収合併されましたが、父は50歳で亡くなるまでの15年間、乳業会社の農民代表役員として、黒澤酉蔵先生や、雪印乳業初代社長で酪農学園大学の理事長を務めた佐藤貢氏ら、日本の牛乳産業の先達とともに北方酪農の確立のために働きました。

1963（昭和38）年には「加工原料乳生産者補給金制度（不足払い法）」が発足し、日本酪農の基盤が確立されたといわれますが、その不足払い法の制定にも大きく関わったことが、父の残した鞄の書類から覗えました。

これを機に「乳業」は乳製品工場の整備に力を入れ、「酪農」は廃棄の心配をせずに搾乳に専念できるようになったといわれました。以後、日本の牛乳産業は生産の「酪農」、製造の「乳業」を車の両輪として発展してきましたが、時代の急速なグローバル化は、こうした牛乳産業を大きく変えてしまいました。乳業はより効率主義、利益第一主義へと向かい、巨大小売の出現により乳価も川下（小売）の影響を強く受け、両輪であるはずの酪農と乳業の関係も変化してきました。

酪農の現場も、社会全体が豊かになる中で規模拡大、高泌乳化路線へとひた走ってきました。「終わりなきゴール」などといわれ、酪農民はますます多忙になりました。特に、気象も土地条件にも恵まれない府県では、多頭化、高泌乳化、高品質、高繁殖など、ひたすら生産のために時間を使う生活。牛乳で暮らしを楽しむことなど夢の世界で、私たちは酪農経営の安定のために心血を注いでいたのです。

今から30年以上前でしょうか。私たちの組合の生乳が生協に販売されていた頃、雪印乳業の元技術者の藤江才介氏や島根の木次乳業の佐藤忠吉氏を招いた組合の講演会で「牛乳が低温殺菌でなければならない理由」を直接聞いてはいました。ですがまだ若かった私は生産のことだけ考えていたのでしょう。心の耳で捉えることができないままに過ぎていたのです。それが酪農基盤が危うい時代になって、自らの経験でやっと気付いたのですから、人生とは皮肉なものです。

運動場の牛たち

「スローライフミルクネット」を設立

「おいしいフレッシュチーズが誰にでも簡単に作れる」

思いがけず見つかったチーズの製法は、衝撃的なものでした。こんなことは今まで考えもつかなかったことです。私は信頼を寄せる友人たちと、

「このチーズ製法を自分たちだけのものにせず、日本の新たな牛乳文化にまで発展させよう。そのために、生乳の持つ力を損なわないノンホモ・パスチャライズ牛乳（以下ノンホモ・パス乳）がふつうに売られる消費社会にしよう」と話し合ったのでした。

日本の飲用牛乳の90％が超高温殺菌牛乳だといわれる牛乳業界で、私たちのやろうとすることは、まさにドン・キホーテみたいですが、「神様からの贈り物」のようなチーズに「もう一度、お乳の素晴らしさに気付きなさい」、そう勇気付けられる気がして、私は怖いものなしでNPO法人立ち上げの準備に入りました。

活動をともにしてきた熊本県の酪農女性部役員や食の名人、牛乳工房建設を考えている人など、さまざまな酪農女性に加え、消費者団体代表や料理研究家の先生にも加わっ

ていただき、２０１１（平成23）年、「ＮＰＯ法人スローライフミルクネット」を設立しました。

感動を呼ぶチーズ講習会

「スローライフミルクネット」では、家庭で簡単にできるチーズ作りを普及するために、各地で会員が酪農家の生乳や、時には生協のノンホモ・パス乳を使って、モッツァレラチーズとストリングチーズ（さけるチーズ）作りの講習会を開いてきました。

講習会は、準備から片付けまで約2時間と、あっという間にチーズができてしまいます。活動を始めて3年が過ぎた頃、そんなチーズ教室の参加者は、１０００人を超えていました。教室では、できたてのモッツァレラチーズでピザを作ったりもするのですが、講習会はいつも参加者の歓声にあふれ、私たちの活動に共感を示してくれました。「しあわせな時間をありがとう」――そんな素敵なハガキも届きました。

会の運営は、ＮＰＯの活動理念に賛同して入会してくださった人の会費とチーズ講習会などの事業収入によって賄われます。チーズ講習会の講師はほとんど酪農家の女性ですから、牛や家族のことで突発的なトラブルが起きると大変です。それでも、参加者の方が笑顔になってくれると勇気付けられ、「続けていこう」と、また踏ん張れるのでした。

２０１４（平成26）年の時点で会員数は約60名。決して多くありませんが、北海道から沖縄まで会員がいるのは心強いことでした。会員のほとんどが酪農家ですが、チーズ講習会に参加した消費者の方が「会員として支えましょう」と入会してくださったり、消費者団体にも支えられています。

同じ年の夏、会員通信に初めて他県での講習会の写真を載せました。以前、九州酪農青年女性会議で活動をともにした女性部会長さんが地元大分で開催した時のものです。彼女は「とにかく早くノンホモ・パス乳を乳業メーカーに作ってもらおう」と、講習会の準備に一生懸命です。聞いてみると「ＮＰＯはお金をとったらいかんのかと思って」と全部自腹で講習会をやってしまったとのこと。酪農家は本当に善良で必死なのです。

「そんなことしてたら続きませんよ」

私は牛乳代や講師手当をいただくこと、参加者に一人一部チーズ作りのテキスト（３５０円）を購入していただくことなど、講習会のおおまかなルールを伝えました。

活動は順調だったのですが、肝心のノンホモ・パス乳が入手困難な現状が続いていました。

「この牛乳はいつから買えるようになりますか？」

そんな受講者の質問に即答できないのが辛いところです。この活動は、乳業メーカーの協力なしでは成功できないと思いました。

しかし、これから先は、牛乳産業のもう一方の車輪である乳業の出番です。どうか、わずかずつでも私たちの望むノンホモ・パス乳を増やしていただきたい。そう願わずにいられません。

乳は命の源、本来の性質を壊さない

私は、牛乳の利用普及を進める活動を通じて、牛乳が温度に対して非常に敏感であることに気付きました。牛乳のタンパク質にはカゼインタンパク質（80％）と、ホエータンパク質（20％）の2種類があります。

高温や超高温で殺菌すると、熱の影響を受けやすいホエータンパク質の形が変わってしまうようです。ホモゲナイズをしないことで家庭でも簡単に本格的なチーズが作れるようになることもわかりました。ホモをかけず、低温殺菌で牛乳を処理することは、現在の牛乳製造で指摘される問題も解決することにつながります。

今日の乳科学の進歩は目覚ましく、牛乳から感染防御や免疫力増強などにはたらく数々の有用成分が発見され、ラクトフェリンなどが注目を浴びています。これらの有用成分は、熱に弱いホエータンパク質に由来しますから、牛乳の製造を見直すことで、その評価は大きく変わるはずです。

もともと「乳」はそれだけで赤ちゃんを育てるのです。「命」そのものです。お母さんのお乳は殺菌などしません。牛乳も同じで、牧場で搾った生乳の有用成分が生かされるよう最低限の殺菌（低温殺菌）にとどめ、ホモゲナイズなど牛乳に負担をかける機械操作も行なわない、ノンホモ・パス乳がいつでもどこでも適正な価格で買える消費社会にすることが、牛乳の誇りを取り戻し酪農に再び活気を取り戻すことだと思うのです。

私たちは牛乳利用の活動から、牛乳にはまだまだ知られていない魅力が秘められており、その魅力を引き出すには乳本来の性質を壊さないことだと学びました。

酪農と乳業が牛乳産業の原点に立ち返り、国民の健康と楽しい暮らしを作る牛乳製造のため、意識を共有し、改革、再構築していくことが急がれます。

（この章は、２０１４（平成26）年『現代農業』9月、11月号に掲載されたものに加筆しました）

「サンモッツァ」を作れる、日本のノンホモ・パス乳の一例

会社名	所在地	商品名	容量
稚内農業協同組合	北海道稚内市	稚内牛乳	900mℓ・ビン
	稚内で放牧型酪農を営む牧場の生乳を、ノンホモ65℃ 30分で殺菌 http://jawakkanai.jp/milk		
なかほら牧場	岩手県岩泉町	中洞牧場牛乳	720mℓ・ビン
	自然放牧の山地《やまち》酪農場。『ご当地牛乳グランプリ最高金賞』受賞 https://shop.nakahora-bokujou.jp		
東毛酪農業協同組合	群馬県太田市	みんなの牛乳	720mℓ・ビン
	酪農家と消費者が連携し1982年に誕生。酪農家21戸の組合が生産している https://www.milk.or.jp		
タカハシ乳業	群馬県前橋市	野っぱらの仲間牛乳	1000mℓ・紙
	1950年から低温殺菌を開始。乳牛を非遺伝子組み換え飼料で飼育 https://www.takahashi-milk.co.jp		
新生酪農	千葉県睦沢町	パスチャライズド牛乳	900mℓ・ビン
	「生活クラブ」とともに歩み、2016年よりノンホモ・パスチャライズド牛乳を長野県にある安曇野工場で製造。生協等で入手可 http://www.sinsei-rakunou.com		
清里ミルクプラント	山梨県北杜市	きよさと低温殺菌牛乳	900mℓ・プラボトル
	清里高原で飼料を栽培。非遺伝子組み換え飼料を与えて飼育している http://www.kiyosato-milkplant.com		
まかいの牧場	静岡県富士宮市	まかいの牧場低温殺菌ノンホモ牛乳	900mℓ・ビン
	1970年、富士山の裾野の朝霧高原で創業。ふれあい牧場を経営 https://www.makaino.com		
飛騨酪農農業協同組合	岐阜県高山市	ノンホモ飛騨	900mℓ・ビン
	岐阜県高山市・下呂市の酪農家が組織運営している酪農専門農協 http://www.hida.or.jp		
四日市酪農	三重県菰野町	鈴鹿山麓の酪農家限定 低温殺菌ノンホモ牛乳	1000mℓ・紙
	四日市酪農協同組合の3牧場が搾った100% non GMO牛乳のみを使用		
木次乳業	島根県雲南市	パスチャライズノンホモ牛乳	1000mℓ・紙
	日本初1978年から低温殺菌に取り組むパイオニア。ノンホモ牛乳は青箱が目印 https://www.kisuki-milk.co.jp		
伊都物語	福岡県福岡市	低温殺菌ノンホモ牛乳伊都物語	800mℓ・ペット
	ふくおか県酪農業協同組合と酪農家34人が出資した乳業メーカー https://www.itomonogatari.com		
グリーンコープ	九州・中国・関西の生協などの連合体	産直びん牛乳	900mℓ・ビン
	熊本県菊池地域の約20戸の酪農家から届けられる生乳で製造 https://www.greencoop.or.jp/goods/milk		

「サンモッツァ」は62～65℃ 30分間または72℃ 15秒間で低温殺菌し、脂肪球を破壊する処理をしていない「ノンホモ・パス乳」で作ることができます。牛乳の製法には差があり、商品によってはうまく固まらない場合もあります

第6章

日本の牛乳のあゆみとこれから
～牛乳史に見る殺菌が抱える困難～

日本の酪農家と乳業メーカーをずっと悩ませてきた牛乳の殺菌法。その歴史をたどりながら、「本来の力を損なわない牛乳」とは何か、考えます。

ノンホモ・パス乳に新たな可能性を

2011（平成23）年、私たちは「NPO法人スローライフミルクネット」を設立し、独自製法によるモッツァレラチーズ「サンモッツァ」の作り方を広めてきました。それはサンモッツァ作りに必要な「ノンホモ・パス乳」に牛乳利用の新しい可能性を見出したこと。さらにはグローバル競争の中でコスト競争力に劣る日本の酪農を守るには、遠隔流通に不向きな低温殺菌乳を主流にすることが大事だとの酪農家、牛乳生産者としての発想からでした。

しかし、日本で出回る牛乳の90％以上が超高温殺菌牛乳の時代にあって、それはとてつもなく現実離れした困難な事業であり、消費社会もすでに飽食の時代を迎えて牛乳に対する関心も低くなっています。

豊かな社会では数えきれないほどの栄養系、機能系の飲料があふれ、ペットボトルなど新容器の開発で飲料業界は大きく変化しています。社会の変貌に牛乳が埋没してしまうような感覚に囚われたものです。牛乳バッシング本の登場、フードファディズムと呼ばれ、他の商品をおとしめ自らの商品を優位に立たせる行為はテレビの『発掘！あるある大事典』のヤラセにまで及びました。

あの頃、私たちは「何十年と休みなく続く酪農の仕事も、牛乳が社会に貢献している、という誇りがあればこそ続けられる」と友人たちと嘆いたものです。チーズ作りの講習会でも、若い人の多くは高温も低温も何のことかわかりません。チーズは好きでも牛乳には無関心の時代になっていたのです。

「スローライフミルクネット」のNPO活動を設立当初から支えた事務局長の荘野亮さんは、今では故人となられてしまいましたが、長く熊本の消費者運動をリードし、牛乳製造技術にもくわしい人でした。荘野さんは日本の牛乳製造の特殊性をいつも話していましたが、私には「現在の欧米諸国も同じように推移しているのだろうか？」という疑問もありました。時折酪農雑誌で見るスーパーマーケットの陳列棚は日本よりもはるかにいろいろな牛乳が並んでいるように見えますが、世界の牛乳事情がどうなっているのか、はたまた日本とはどう違うのか、酪農家の私は残念ながらその知見を持ち合わせません。

そこでこの章では、荘野さんの牛乳論に共鳴し、「スローライフミルクネット」とも深く関わることになった『生活クラブ』の鈴木猛さんたちがまとめられた『新生酪農版「牛乳ハンドブック」』を元に、日本の牛乳のあゆみを振り返っていきたいと思います。

なぜ牛乳を殺菌するのか

牛もヒトも、赤ちゃんに母乳を与える時は、加熱殺菌などしません。そもそも、なぜ人間が牛乳を飲む時は、殺菌しなければならないのでしょう？

人類が哺乳動物の乳を利用するようになったのは、紀元前6000年の古代文明の頃。以来ずっと生の乳を飲んでいたのですが、加熱殺菌するようになったのは、100年余り前。そのきっかけは18世紀後半の産業革命だといわれています。

当時ヨーロッパで猛威をふるった感染症がきっかけです。農村から都市へ人口が集中して、そこにスラム街ができました。劣悪な衛生状態の中で多くの人が生活すると、コレラやペストなどの病原菌が蔓延します。どこかコロナ禍に揺れる現在のパンデミックに通じるものがあります。

そして不衛生な牛乳もまたその発生源のひとつと考えられていました。冷蔵庫のない時代、栄養価の高い牛乳は、雑菌が増殖するには理想的な環境だったのです。

しかし、大切な栄養源である牛乳を飲まないわけにはいきません。そこで加熱することで病原菌を殺し、安全に飲むことが考えられたのです。とはいえ水を煮沸殺菌するように、牛乳も高温で殺菌してしまったら、本来持っている有用な成分まで台無しにするのではないか？　いったい何度まで熱すれば、安心して飲めるのだろう？　そんな時、フランスの細菌学者ルイ・パスツールが、1866年「低温殺菌法」を考案しました。

パスツールはワインの異常発酵を防ぐには、50～60℃で数十分間加熱すればよいことを発見。しかもワインの風味や品質を損ねず、有害な菌だけを殺すことができるのです。彼の名に因んでこの殺菌法は、「パスツール式」を意味する「パスチャライゼーション」と名付けられました。

これと同時期、日本を訪れた欧米人は、日本では500年以上前から杜氏が日本酒に、これと同じ原理の「火入れ」の作業を行なっていることに驚いたそうです。

現在知られている病原菌の中で、最も熱に強いのが結核菌です。その後、パスツールが開発した低温殺菌法と結核菌の死滅条件を元に、さまざまな食品の加熱条件が定められていきます。

1880年頃、牛乳の殺菌法に応用され、63℃30分間の殺菌法が確立されました。ところが当時の母親たちは「赤ちゃんに加熱殺菌した母乳を与える母親なんて、どこにもいない。牛乳も母乳と同じ。加熱殺菌するなんてとんでもない！」と反対し、20年以上普及しなかったそうです。

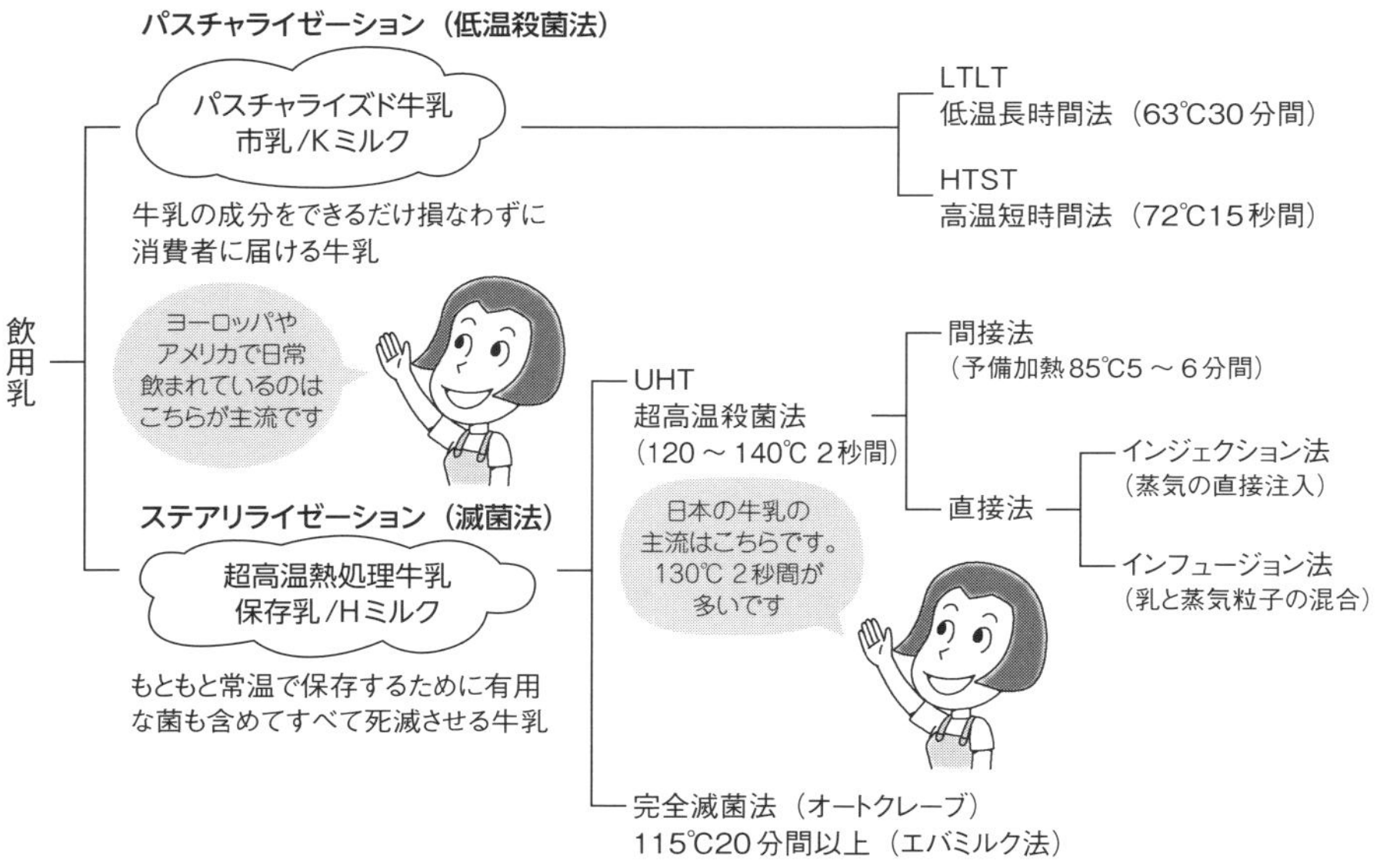

図6－1　国際酪農連盟（IDF）の熱処理法の規定

それでも20世紀に入ってようやくその有効性が認められ、低温殺菌法が一般化。１９２０年代には、生産効率を上げるために、63℃30分間と同等の効果がある連続式の72℃15秒間の高温短時間法が開発され、広まっていきました。

目的が異なる2つの殺菌法

国際的な乳業界の団体である「国際酪農連盟（ＩＤＦ）」が定めた牛乳の熱処理の基準には、「パスチャライゼーション」と「ステアリライゼーション」、２つの殺菌法があります。

・パスチャライズド牛乳

パスチャライズド牛乳は、冷蔵で流通し、市民が日常的に飲用する「市乳」として位置付けられています。その殺菌法は「63℃30分間保持（バッチ）式」もしくは、「72℃15秒間の連続式」で処理したものです［図6―1］。

病原菌の感染を防ぎつつ、生乳の持つ成分をできるだけ変化させずに流通させることが目的。ヨーロッパやアメリカで日常的に飲まれている牛乳は、こちらが主流。ナチュラルチーズの原料にもこの方法が使用されています。

・超高温殺菌（ＵＨＴ）牛乳

ステアリライゼーションは、１００℃以上の超高温で加熱する保存乳を作る殺菌方法。日本の牛乳は「130℃2秒間」という加熱条件の表示が多く、120〜140℃の範囲で加熱されていて、「UHT牛乳」とも呼ばれています。これはUltra High Temperatureの略。この場合、本来の目的は常温で保存することにあります。そのため、生きた菌が残っていては困るので、滅菌（sterilization）が必要。病原性の有無を問わず、有用な菌も含めてすべて死滅します。

滅菌パックに入れられて「sterilized milk（保存牛乳）」として常温で流通。フレッシュな牛乳が入手しにくい時や料理用などに利用されます。欧米では高温処理した牛乳を滅菌パックに充填していますが、日本では同じものを普通の紙パックに入れて製造しているので日持ちしません。現在も、国内で市販されている牛乳の9割以上をこの牛乳が占めています。

なぜホモゲナイズするのか

生乳中の脂肪球の直径は、0・1〜10μm（1μm＝1／1000mm）と、大きさはいろいろです。生乳をそのまま静置すると、大きい脂肪球は浮上して上部にクリーム層を形成します。これが何も手を加えない牛乳の姿です。

ところが、現在市販されているほとんどの牛乳には「ホモゲナイズ（均質化）処理」が施されているのです。それは、ホモゲナイザーという機械で、120〜150kg／1cm²の高圧をかけて微細な穴から押し出し、脂肪球を2μm以下にするというもの。これにより脂肪球が浮上・分離せず、消化吸収がよくなるといわれていましたが、タンパク質が微細化されたことで、アレルギーを引き起こすなどの指摘もあります。

このホモゲナイザーは、1952（昭和27）年に森永乳業が日本で初めて導入しました。当時はクリームラインがくっきり出るのがよい牛乳と考えられていましたが、森永乳業は「ホモ牛乳」と称して大々的な広告宣伝を打ちました。「ホモ牛乳」は商標登録され、マスコットキャラクターの「ホモちゃん」まで登場して、この戦略が大成功。他のメーカーも続いて導入せざるをえなくなったのでした。

ヨーロッパの人たちのように、クリームと牛乳を使い分けて楽しむ食文化が日本に根付いていたら、ここまでホモ牛乳一辺倒にならなかったのではないか。日本の牛乳利用の歴史が浅く、国民の不足する栄養を飲用で補うことで発展してきた乳業の特質が生んだものと考えられます。

森永乳業は後に間接式UHT滅菌機を導入しますが、これにホモゲナイズしない生乳をかけると、脂肪球が固着したり、焦げ付いてしまう構造上の問題もあって、日本の市販牛乳のほとんどは、ホモ牛乳となっていきます。

特異な日本の牛乳の歴史

第二次世界大戦から約75年。その後広まった日本の酪農は、たしかにまだ「ひよっこ」かもしれません。それでも何もかも不足していた戦争直後の状態から立ち直り、今では世界中のあらゆる国からワインやチーズなど、おいしい食材を輸入して味わうまでになりました。それでもまだ、牛乳の製造方法が世界基準からかけ離れているといわれるのは、どうしてなのでしょう？

長い間、私たちは牛乳を生産しながら不覚にも乳牛を健康に飼うことばかりに目を奪われ、こういった問題には無頓着だったと告白しなければなりません。このことは酪農がその職業の特殊性もあって、今日まで生産だけに特化して発展してきたという理由があります。

そうしてそれは第5章でも述べた私の父も成立に関わった「不足払い法」によって、酪農家がお乳を搾ることだけに集中できたことで、私たちの意識の半分を眠らせてしまったのかも知れない、などと考えるとなぜか切なくなります。

それでも１９８０年代に入り、日本でも問題意識を高めて「ホンモノの牛乳が飲みたい」と、パス乳の商品化に踏み切った酪農家の団体やグループが現れました。

志の高い酪農家の団体や小さな乳業メーカーが、各地で「パス乳」を開発し、販売を始めたのです。１９７８年島根県雲南市の木次乳業が、日本で初めてパス乳を流通化しました。続いて１９８２年、小寺ときさんを中心とする市民団体「みんなの牛乳勉強会」と群馬県の東毛酪農が共同でパス乳「みんなの牛乳」を開発します。そして１９８８年、千葉県睦沢町に本社を構える新生酪農も、「パスチャライズド牛乳」の製造を開始。私たちともご縁の深い「生活クラブ」のみなさんに提供し始めました。

さらに忘れてはなりません。私たちのＮＰＯ活動を発足当初から支えた事務局長の荘野亮さんが生涯にわたり取り組んだ牛乳運動によって、九州最大の生協「グリーンコープ」が、福岡県の雪印メグミルクのグリーンコープ専用工場でノンホモ・パス乳を製造。「グリーンコープくまもと」では「サンモッツァ」の講習会も開いています。

原乳の細菌数が多く、高温殺菌に

日本でも酪農が始まった当時は、生乳を販売していたのですが、明治に入り殺菌が始まり、昭和初期には63℃30分のバッチ式で殺菌するようになりました。当時はまだ欧米式の低温殺菌だったのですね。

戦後間もない日本には、酪農家が搾った牛乳を低温で流通させる仕組みがありませんでした。高温多湿な環境下で、牛乳はほとんどが農家による手搾り。バケツに搾った牛乳を集乳缶に布で濾しながら入れて、井戸水で冷やし、軽トラックなどに積んで工場へ運んでいました。当然ゴミや雑菌が入ることもあったでしょうし、井戸水では冷却も不十分だったでしょう。当時の検査では細菌数が1㎖に100万個を超えることも多く、特に夏場の細菌数の増加は深刻で、適切な殺菌は乳業メーカーの大きな課題となっていました。

1952（昭和27）年、明治乳業が大量生産のために、72℃15秒間殺菌のHTST（High Temperature Short Time：高温短時間法）の殺菌機を導入しました。これはそもそもパスチャライズド牛乳を製造するための機械だったのですが、原乳の細菌数があまりにも多かったため、設定温度を72℃から85℃に変更せざるをえなかったそうです。それ以来、世界の基準とは異なる「85℃15秒間」や「75℃15分間」といった、日本式のHTST殺菌法が広まっていきました。

転機となった森永ヒ素ミルク事件

そんな中、1955（昭和30）年、森永ヒ素ミルク事件が起きました。徳島工場で製造していた粉ミルクに、猛毒のヒ素が混入し、130人が死亡、1万2000人以上が被害に遭うという、とても傷ましい食品公害事件でした。

原因は「粗悪な原料乳」にありました。牛乳を粉ミルクに加工するためには、80℃ぐらいまで熱をかける必要があります。粗悪な原料乳というのは、酸度が上がっていて熱をかけると固まってしまいます。すると歩留まりが悪くなり、溶解性も落ちてしまいます。そこで徳島工場では、第二リン酸ソーダというアルカリ性の安定剤を入れて中和させていました。その安定剤に大量のヒ素が混入していたために、「ヒ素入りミルク」が作られてしまったのです。

この事件の2年後、森永乳業は、ヨーロッパで開発された超高温殺菌機（UHT）を導入。これはパス乳ではなく、保存乳を製造するための技術でしたが、他のメーカーもこれに追随し、すべての菌を殺すほど高温で殺菌する方法が、日本の牛乳の「標準」になっていきます。

酪農の歴史が浅い上に、高温多湿の細菌が繁殖しやすい日本の環境下で、多くの酪農家たちも、メーカーの人たちも苦労を重ねる中で起きてしまった、とても残念な事件だったと思います。当時は「二度と起こすまい」と決意した関係者も多かったことでしょう。

しかし、牛乳の成分をできるだけ損なわずに消費者にお届けする「パスチャライゼーション」と、あくまでも保存性を重視する「ＵＨＴ」では、その目的と役割が違うのです。日本ではその違いについてほとんど理解されないまま、この事件から65年が過ぎた現在もなお、高温殺菌の牛乳が大半を占める状態が続いています。

牛乳の安売りが加工乳、乳飲料販売へ

森永ヒ素ミルク事件から5年後の１９６５（昭和40）年、「加工原料乳生産者補給金制度」が制定されました。これは通称「不足払い法」と呼ばれ、乳製品向けの乳価に、生産者が必要な乳価を得られるよう助成する制度で、のちに戦後の酪農の発展を支えたともいわれました。

当時は、戦後のベビーブームや高度経済成長の波に乗り、牛乳の消費が大きく伸びていました。その一方、牛乳の需要は、夏は大きく冬は小さいのに、実際生乳の生産量はそれとは逆。冬場に搾った牛乳が余ってしまいます。

そこで各メーカーは、冬場に余った牛乳をバターと脱脂粉乳に加工して保存しておき、これを溶かして需要の多い夏場に販売するようになりました。こうして需給調整のために、さまざまな加工乳が販売されるようになります。

日本には、牛乳、成分調整牛乳、低脂肪牛乳、無脂肪牛乳、加工乳、乳飲料という区分があります［図6-2］。

一方海外には、牛乳や低（無）脂肪乳はありますが、加工乳や乳飲料に相当するものは、あまりないそうです。これらの飲料は、製造原価が安く、利益も大きいため、数多く売り出すのが乳業メーカーの戦略でした。

その背景には、それまで牛乳屋さんが一軒一軒配達するスタイルから、１９７０年代に台頭したスーパーマーケットでの販売の変化がありました。価格の決定権が店舗に移り、牛乳の1ℓ入りパックはスーパーの安売りの目玉商品になってしまいました。特売で２００円以下は当たり前。１５０円台で並ぶことも。これでは利益が出ません。結果的に利益の出やすい加工乳や乳飲料の販売に傾倒していったのです。

１９７０（昭和45）年、そんな牛乳のあり方に疑問を感じた「生活クラブ」は「加工乳ではなく、本物の牛乳を飲みましょう」との思いから、牛乳本来の姿を取り戻そうと、

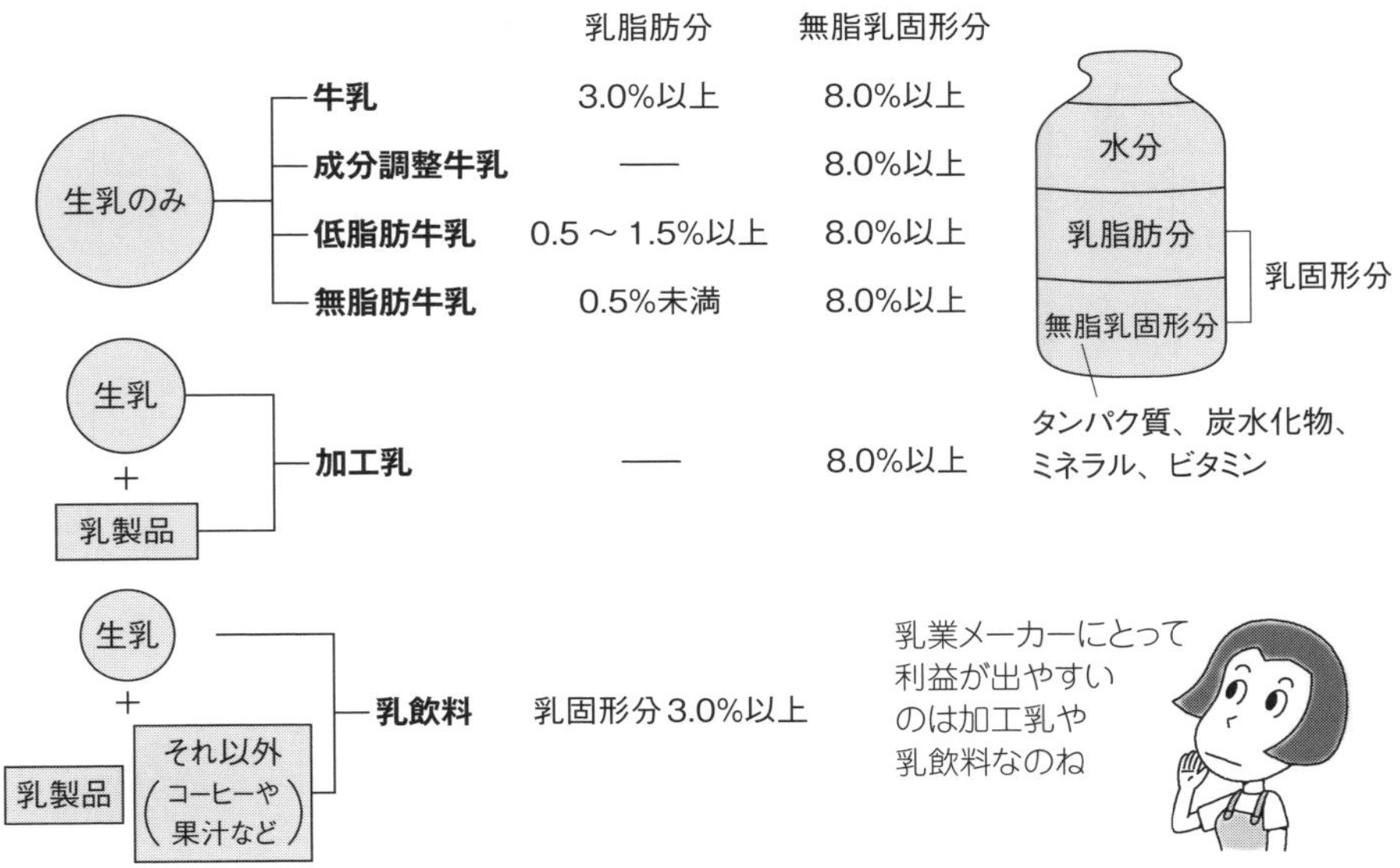

図6－2　牛乳類の種類

成分無調整の「コープ3・2牛乳」を開発し、販売を始めます。

その翌年の1971年、「異種脂肪混入事件」が発覚。明治乳業はじめ市販の11メーカーの普通牛乳と加工乳から、ヤシ油などの異種脂肪が検出されました。

当時は3%を上回る乳脂肪分は分離され、乳脂肪分を調整した牛乳が普通でした。ところがそれ以上に油脂を抜き取って、代わりに植物油を添加した商品が出回り、多くの消費者の反感を買いました。

これを契機に元から成分無調整の牛乳を販売していた生協の利用が大きく増え、翌年に全農が成分無調整の「農協牛乳」を製造し、他の大手メーカーも「成分無調整」牛乳を発売。消費者の間で定番に。大きな転機となりました。

LL牛乳反対から「牛乳論争」へ

1976（昭和51）年、「生活クラブ」は生産者と連携して自前の牛乳工場を持つ事を決断。1978年に千葉県の生産者と連携し、新生酪農が誕生。当時は120℃で2秒間のUHT牛乳を選択していました。

折しもこの翌年は、生乳の生産量が需要を上回り、初めての生産調整が行なわれました。北海道や九州で、本格的にLL（ロングライフ）牛乳が作られるようになります。これはさらに高温の130～140℃で2～3秒間殺菌。アルミ箔が貼り付けられた紙容器に入っていて、常温での長期保存が可能なタイプの保存乳です。

そんな中、一部の消費者団体が、LL牛乳の常温流通を認めるよう厚生省に意見書を出したのを受け、関西を中心にボイコット運動が起きました。「常温で腐らない牛乳は、本当に安全なのか？」との疑問を出発点に、各地で勉強会が開かれました。この時LL牛乳だけでなく、日頃から飲んでいたUHT牛乳もまた100℃以上の超高温で処理されていることが判明。「本物の牛乳が飲みたい」という声に変わっていきます。

一方、厚生省はメーカーの声に押され、1983年にLL牛乳の安全宣言を出し、1985年にはLL牛乳の「要冷蔵」規定を撤廃しましたが、消費者とメーカーがそれぞれの立場で繰り広げた5年に及ぶ「牛乳論争」は、日本の牛乳の歴史に大きな波紋を呼び起こしました。

「生活クラブ」でも「みんなの牛乳勉強会」や「よつば会」の勉強会に参加していた組合員を中心に「低温殺菌乳」を求める声が強くなっていきました。そうして1988年、「生活クラブ」の牛乳は全面的にパスチャライズド牛乳へ変更することに。大量生産に適した72℃15秒間の殺菌温度が採用されました。子どもの健康のために、本物の牛乳が必要だと願う母親としての組合員の問題意識が、殺菌温度を変えさせたのです。

ところが1991年、新生酪農千葉工場で製造した「パスチャライズド牛乳」の細菌数が、乳等省令の規格である5万個以下を超えるという事故が発生しました。

原因究明のために、1週間の間工場のラインをストップ。膨大な量の返品の山を前に、改めて問題を突きつけられました。原因はこの殺菌条件では死なない耐熱菌が残るという72℃15秒間殺菌法の本質的な意味を、正確に理解していなかったことにあると気付きました。新生酪農は、この事故を教訓に「パスチャライズド牛乳」のための牛乳工場となることを改めて決意。その挑戦と努力、そして組合員への啓蒙活動は現在も続いています。

雪印食中毒事件の教訓

「本物の牛乳」を求めて、各地で消費者と酪農家が学び、力を合わせて低温殺菌乳の流通を実現させていく一方で、2000（平成12）年、忘れられないショックな事件が起こります。雪印乳業の集団食中毒事件です。同社の大阪工場で製造された「低脂肪乳」「毎日骨太」などの加工乳を飲んだ1万3000人の人たちが、食中毒を起こすという、戦後最大の牛乳による事故でした。

その直接的な原因は北海道の大樹工場で製造した脱脂粉乳にありました。停電事故により長時間温められた原料乳が汚染の原因となったのですが、当初は原因がわからず、製造現場を調査する中で、驚くほどずさんな衛生管理や工程管理の実態も明らかになったのです。

図面に載っていない仮設配管とその洗浄不良、洗浄を忘れてしまうほどの過密労働、一度市場に出したものの返品再利用、その作業は業者任せで、外で開封していた……。HACCPの承認を受けた工場でありながら、洗浄記録も残っていないなど、あきれるような実態が明るみとなりました。

この事件を機に、それまで牛乳だと思って飲んでいた「加工乳」や「乳飲料」が、本物の牛乳から程遠いものであることがわかり、消費量が減ったのも事実。加工乳に限らず、長い間120～130℃の超高温で殺菌され、風味の変わった牛乳を飲んできた日本人の多くは、牛乳本来の味わいをまだ知らないといえます。

日本の牛乳は、新しい時代へ

酪農家である私には、一部の過度な利益主義に走り大事故を起こした事例を除き、過去の劣悪な酪農環境や未熟な生産技術で細菌数などが多かった牛乳を、安全に生活者に届けるための凄まじいまでの乳業の歴史のようにも映ります。牛乳製造の75年の歴史は、残念なことですが高温、低温の前にまず、「安全な牛乳ありき」だったといえるのではないでしょうか。

あの「牛乳論争」から40年近くがたち、日本は団塊の世代が70代になるという超高齢化社会に突入しています。流通の姿も少しずつ変わり、低温殺菌牛乳やノンホモ・パス乳が、スーパーの店頭に並び、また、復活してきた宅配のラインナップに加わるようになりました。それでもまだ市販の牛乳のごく一部です。

今、日本の生乳の品質は過去とはまったく違っています。酪農家（酪農団体組織）、乳業会社、流通販売、それぞれが連携しあって消費者が真に喜ぶ牛乳を供給すること。そこにしか牛乳の未来はないでしょう。

消費者のみなさんがいつでもどこでも手軽に牧場で搾ったばかりの牛乳と同じ性質を持つノンホモ・パス乳を買えるようになるのも遠い先のことではない、と思っています。

あとがき

元ＮＰＯ法人「スローライフミルクネット」の活動記録ともいうべき本書『酪農かあさんが教える台所チーズ』の発行が、やっと実現することになりました。会員のみなさまには書名の仮称を『手作りチーズのススメ』としていましたが、ＮＰＯの設立時に掲げた理念「このチーズを国民みんなの台所チーズとして広め、日本の新たな牛乳文化に発展させよう」。この文の中にある『台所チーズ』のネーミングがすばらしい！」という、編集をお手伝いいただいた農文協さんのお褒めの言葉にしたがって、本書のタイトルを決定しました。

「スローライフミルクネット」は、設立準備を含め約10年の活動をした後、２０１９（令和元）年に解散しました。２０１７（平成29）年、事務局長として会を支えた荘野亮さん（享年65歳）を失い、役員も自身の病気や家族の介護、酪農経営の変化もあり、一定の目標は達成できたとの認識からの解散でした。それでもスローライフミルクの旗印だけは立てておこうと研究会を設立。本書の発行を第一目標に、まだ不明な製法の解明、またこの製法による熟成チーズの研究もしていきたいと考えています。

本書の発行にあたり、酪農家によるこうした図書は、過去なかったのではないか。そんな気負いもあり、チーズ教本、レシピ本としてだけでなく、ＮＰＯの活動記録、チーズのできる訳や歴史、日本の牛乳の歩みまで内容を広げて編集しました。当初は活動記録にとどまらず、「昭和、平成、令和と時代を跨いで頑張っている、日本各地の酪農の姿も読者に伝えよう」と準備も一部、進めていましたが、ページ数の関係から割愛せざるを得なくなりました。ご協力いただいた酪農家のみなさんには心からお詫び申し上げます。

チーズ教室では、お鍋をかき混ぜながら消費者のみなさんと牛乳や牛のことなどたくさんのお話をしてきました。みなさんからはチーズのできるノンホモ・パス乳がもっとどこでも手軽に購入できるようにと期待されましたが、田舎ではまだまだ入手しにくいのが実情です。それでも各地の生協さんが、私たちの独自製法によるモッツァレラチーズ「サンモッツァ」作りを広めながらノンホモ・パス乳の普及拡大を図っておられます。

熊本の酪農家のかあさんたちが起こした小さなNPO。酪農女性や「私も支えましょう」と会員になってくださった消費者のみなさんのご支援があったればこその活動でしたが、素晴らしい方々との出会いもまた会を前進させてくれました。

熊本県立大学や熊本消費者協会で食品の有効利用の啓蒙に務められた矢住ハツノ先生、レシピ開発では料理研究家の福島朝羽先生。お二人にはたくさんのお知恵を拝借しました。東海大学名誉教授の井越敬司先生にもご協力いただきました。先生には「九州チーズサミットin熊本」への参加を勧めていただきました。世界、日本、九州と有名なチーズが華やかにコーディネイトされた会場の一角で、私たちのチーズ教室は少々場違いな感じで開催されましたが、簡単モッツァレラ作りの人気は高く、遠方からの参加者に驚きました。

この会場では新たな出会いがありました。牛乳や石鹸の消費者運動に生涯を費やした事務局長の故・荘野亮さんの牛乳論に共感して「一度会ってみたい」と東京からやってきたのが「生活クラブ」（東京）の鈴木猛さんでした。鈴木さんは大学卒業後、北海道新得町の宮嶋望さんの社会運動に惹かれ、共働学舎に参加。初代のチーズ工房長として働いた後、千葉の新生酪農で牛乳製造に携わり、現在は「生活クラブ」で組合員のみなさんとよりよい牛乳作りに向き合っておられます。鈴木さんはその経歴から乳やチーズの研究者との交わりも深く、私たちのチーズ製法が専門家の知るところとなるきっかけを作ってくれました。

井越先生が大会実行委員長を務めた「2019年度酪農科学シンポジウム」は、東海大学熊本キャンパスに全国から研究者が集まり、すでに知られるところとなっていた私たちのチーズ製法にも3点の若い研究者のポスター発表がありました。「奇跡のチーズ」「不思議のチーズ」、そんな呼ばれ方もする私たちのチーズは、さまざまな人々を惹きつけあうのでしょうか？

数千年とわずか百年弱の彼我の乳文化の差の中で、私たちの拙いチーズ製法がもたらすものが何なのか、今はまだ想像もできません。「日本では台所で簡単にチーズ作りを楽しむらしいよ」そんなふうに世界から見られる日も来るかも知れない、と思うとワクワクしませんか？　アジアのチーズ製法に多い直酸法に属するといわれる「サンモッツァ」。アジアではチーズを伸ばして利用することはなかったようです。ですからこのチーズ製法は西洋と東洋のチーズ利用を融合させたといえるかも知れません。

このチーズの話の続きをする人がいつかまた現れることを願っています。本書の編集にご協力いただいたフリーライターの三好かやのさん、農文協の西尾祐一さんに心から感謝いたします。

最後に、荘野亮事務局長の亡き後、会員通信発行から雑務まで一手に引き受け、本書でもレシピ写真を担当してくれた長女、長野麗の働きをこの場を借りて労いたいと思います。

２０２１年３月

山口やよい

【参考文献】

第４章

『チーズの科学』齋藤忠夫　講談社ブルーバックス　２０１６年

『現代チーズ学』齋藤忠夫、堂迫俊一、井越敬司編　食品資材研究会　２０１０年

『つくってあそぼう７　チーズの絵本』河口 理編　早川純子絵　農文協　２００５年

「カルシウムとチーズ」中西載慶『新・実学ジャーナル』２００９年11月

「乳酸とヨーグルト」中西載慶『新・実学ジャーナル』２０１１年３月

ＮＰＯ法人チーズプロフェッショナル協会（Ｃ.Ｐ.Ａ.）ＨＰより

「ヨーロッパのチーズ、アジアのチーズ」フロマＧのチーズときどき食文化　２０１４年６月15日

「ノンホモ牛乳から作るモッツァレラ」乳科学 マルド博士のミルク語り　２０１８年９月20日

「チーズクラブ」雪印メグミルクＨＰより

第５・６章

『本物の牛乳は日本人に合う』小寺とき　農文協　２００８年７月

「新生酪農版『牛乳ハンドブック』」新生酪農株式会社　２００１年４月

編者略歴

スローライフミルク研究会

簡単モッツァレラチーズをみんなに広め、日本の牛乳利用に新たな未来をつくることを目的に酪農の仲間と食に携わる人たちで2011年に設立された「NPO法人スローライフミルクネット」の活動後、2019年に立ち上げられた研究会。代表山口やよい（昭和22年生まれ　熊本県上益城郡山都町在住の酪農家）

山口やよいさんは2021年3月、出版を目前に永眠。その志は、娘の長野麗さんに受け継がれている

編集　三好かやの（ライター）

写真　高木あつ子　p13、18～25、28～29、35（生ハム巻き＆フライ）、44～46

戸倉江里　p31、40

簡単 楽しい おいしい

酪農かあさんが教える　台所チーズ

2021年 3 月20日　第 1 刷発行
2022年 4 月25日　第 4 刷発行

編　者●スローライフミルク研究会

発行所●一般社団法人 農山漁村文化協会
〒107-8668　東京都港区赤坂7丁目6-1
電　話●03（3585）1142（営業）　03（3585）1147（編集）
F A X●03（3585）3668　振　替●00120-3-144478
U R L●http://www.ruralnet.or.jp/

DTP製作／㈱農文協プロダクション
印刷・製本／凸版印刷㈱

ISBN 978-4-540-20197-4
〈検印廃止〉

Printed in Japan
定価はカバーに表示
乱丁・落丁本はお取り替えいたします。